叔本華

洞悉人生痛苦的智者

閻嘉 著

目次

前言：走近叔本華

巴斯卡曾說：「人只不過是一根葦草，是自然界最脆弱的東西；但他是一根能思想的葦草……縱使宇宙毀滅了他，人卻仍然要比致他於死命的東西更高貴得多。」（《思想錄》）

思想成了人類自身力量的確證之一，它也是人類為自己所建立的豐碑。在燦若星河的思想家的行列中，我們發現有人以前所未有的創造和發現位居前列，也有人以博大精深的理論大廈而如高峰聳立。然而，我們也發現，其中還有人以叛逆者的形象出現，以無所畏懼的勇氣向巍然聳立的高峰挑戰，以清醒的智慧，無情地重新審視和評判以往的、被認為神聖的觀念和價值。

亞瑟・叔本華無疑是這方面為數不多的幾個現代先驅者之一。他超凡脫俗，卓然獨立，給一向嚴肅、謹嚴、甚至有點讓人窒息的思想界帶來一股清新的氣息。

單是這一點，就使我們無法忽視他在人類思想發展歷程中的地位。無論人們如何評價叔本華在現代哲學史上的地位和作用，無論這種評價是讚譽、指責，還是毀譽參半，我們在現代生命哲學、存在主義、心理學和人類學中，都可以看到他的影響不時閃現。一些現代思想家、藝術家、文學家，例如尼采、克爾凱郭爾、瓦格納、卡夫卡、湯瑪斯・曼等人，都直接或間接地受到叔本華的影響。

他的魅力來自哪裡？當然，它不僅僅來自他超然獨立的個性，不僅僅來自他對傳統哲學、科學、邏輯學所崇尚的、至高無上的理性挑戰、反叛和顛覆，更來自他對活生生的生命存在的關注，對人生的意義、痛苦、生死、情愛、苦惱、慾望等等重大而迫切的問題的強烈關注和思索。

傳統的哲學，體現了人類對智慧的愛。愛智慧，成了具有思想的人類超越萬物的標誌，哲學家因而被稱為「愛智慧者」。在智慧的王國之中，理性是處在最高統治地位的君主，是無所不能、所向披靡的尚方寶劍。對理性的崇尚，在黑格爾的哲學中達到了集大成的境界，也同時意味著理性主義哲學傳統的終結。

理性真的就是無所不能的法寶嗎？叔本華對此作了否定性的回答。如果智慧所關注的僅僅是自然、宇宙、歷史，以及智慧本身，而忽略了人生意義和價值這一最高問題，那麼這種智慧便失去了意義和價值。人類也不能僅僅面對上帝、神靈、天堂、地獄這些彼岸世界的東西，他更應無所畏懼地面對生存本身。

叔本華把哲學從形而上學的抽象思辨，轉向了對人生重大問題的關切和思考，用意志來說明世界和人的本質，力圖建立一種世界和人的本質，力圖建立一種沒有宗教的信仰。由此，他對人生重大問題提出了一系列發人深省的見解。

最能理解叔本華哲學的，莫過於尼采了。他曾經懷著激動的心情說：「我看叔本華的偉大之處，就在他能站在人生之畫面前，將它的全部畫意解釋給我們聽。」（《作為教育家的叔本華》）尼采坦率地陳述了叔本華對他自己的深刻影響：「你想知道叔本華對我的幫助嗎？我只有這樣回答你：他讓我有勇氣和自由地面對人生，因為我的腳發現了結實的地盤。」（同上）尼采在讚美叔本華、坦陳叔本華哲學之時，實際上也告訴我們：他們兩人在精神上是相通的，他們在對哲學的基本理解上是一致的，他們的思想之間存在著血和肉的聯繫。由此，尼采得出結論說：「每一種偉大的哲學所應當說的話是：『這就是人生之畫的全景，從這裡來尋求你自己的生命的意義吧。』」大自然賦予愛智慧的哲學家的意圖，就在於「要給人類的生存一種解釋和意義」。（同上）

是的，叔本華以清新的話語，向我們展現了意志世界中的人生圖景，以坦誠、直率、強有力的智慧來洞悉人生全部的重大問題，直面痛苦、悲觀、絕望。他不僅把哲學從本體論、認識論轉向了人學、人生觀，並且把個體對生命的體悟賦予了抽象思辨的哲學，使之不再令人望而生畏，而讓人感到平易親切。可以毫不誇張地說，叔本華的哲學，就是他自己的表現。

作為東方人的我們，也許會對叔本華這個最沒有日爾曼人氣息的日爾曼人有一種親切感。他對超越凡人痛苦和歡樂的嚮往與追求，他對進入永恆寧靜的涅槃境界的渴望，總讓我們聯想起老莊哲學和佛教哲學。他對生命體悟的重視，與我們傳統中所強調的「讀萬卷書，行萬里路」的體驗，何其相近。

也許，那些板著面孔的冷峻的學者們和哲學史家們會輕蔑地說，這個有些怪僻，甚至近於瘋狂的個體思想者算不上是巨人，無法與亞里斯多德、蘇格拉底、柏拉圖、黑格爾、康德等大師相提並論。然而，這從來都不是他所追求的目標。他以偶像破壞者和反叛傳統者的面目出現，他就是他自己，他自己是不可歸類、不可界定的。

這就足夠了，這就足以讓他在古往今來的思想家行列中佔據一個特殊的位置。

還是讓我們一同走近叔本華，走進他那個意志的世界，去把世界、人生的真相看個究竟，去體察智慧在生命活動中的痛苦與歡樂，鬥爭與寧靜，苦惱與解脫，迷惘與追求，沉淪與抗爭。讓我們伴隨著他去思索人存在的意義和價值，去解答永遠都懸在我們面前的人生謎語。

第一章：通向智者的旅途

天才與遺傳

一七八八年二月二十二日，亞瑟・叔本華降生在但澤（即現在波蘭的格但斯克）。我們完全可以想到，這算不上是一件驚天動地的事情，只不過是歲歲年年中無數新生命降生中的一例而已。

不過，叔本華自己卻不這樣看。

這個新生兒若干年之後長成人時，一直以天才自詡，自命不凡，認定自己天生來就是智慧的胚子。他不僅從性格、生活處境和細節中尋找自己是天才的證據，而且還從生理上、遺傳上尋找證據證明自己是天才。為此，他專門寫過一篇《論天才》，從各方面論證天才異乎常人的特徵，其中包括遺傳因素。

按照他的看法，天才的頭顱、大腦、面龐、體形、血液循環系統，以及性格，都與父母親的遺傳有關，無論它們是優點還是缺點，都表現出鮮明的特徵。比如，他認為，「腦髓和神經系統的構成都是遺傳自母親，但若沒有父親的活潑、激情氣質的遺傳，天才的現象還不夠充分。」「關於血液循環的條件是由父親所遺傳的……天才各種性格的缺陷，也可說大部分都是由於父親的遺傳。」但是，如果沒有母親遺傳的智慧，結果將是「只能產生熱力但發不出絢爛的光彩，所以生出性格暴躁和具有癇癖的人物」。（《論天才》）他還認為，在兄弟當中，如果有天才的話，多半都是長子，他將他所看重的德國哲學家康德來作例子。其中的原因在於：「在『製造』長子時，正是父親的力量和熱情最旺盛的年齡。」（同上）

雖然我們不必盡信這些說法，卻也不能完全不信。畢竟，人的性格、心理、志向的選擇等，多多少少都與父母的遺傳和成長環境有關係，並不全是個人奮鬥所造就的。

叔本華的確是長子，也是獨子，只有一個妹妹，叫路易絲·阿德萊特·拉維尼亞，比他小九歲。

他父親叫海因里希·弗洛里斯·叔本華，母親叫約翰娜·亨利埃特，娘家姓特羅西納。他們倆結婚時，海因里希三十八歲，約翰娜十九歲，三年後生下了小叔本華。

海因里希祖籍荷蘭，移居但澤後成了當地望族，積攢了相當的產業。他大概具有叔本華所說的那些天才的遺傳基因：身材矮胖，頭顱碩大，寬闊的面龐上有一對突出的眼睛，鼻子粗短朝天，嘴巴寬大。他剛愎自用，性格暴躁，然而卻精於算計，很有商業頭腦，是一個頗有才幹而且獲得了成功的銀行家。

他內心深處的孤獨，同叔本華行為上的怪僻、無端的內心恐懼和懷疑不無關係。他早年旅居英國和法國多年，見多識廣，對叔本華期望甚高，這些也不能不對叔本華的成長產生影響。所不同的是，海因里希對政治抱有強烈興趣，有著自己獨立的政治見解，偏愛法國啟蒙主義思想家伏爾泰，擁護自由民主的共和政體。這同叔本華的不關心政治、游離於十九世紀各種重大政治事件之外，形成了鮮明的對比。他還是一個世界主義者，並試圖把兒子培養成具有世界主義理想的「世界主義者」，而叔本華卻未能讓父親如願以償。

一八〇五年四月二十日，海因里希突然在但澤溺水身亡。沒有人知道他的確切死因。屍體從他家穀倉旁邊的運河中漂浮起來，或許是不慎失足落水，或許是自沉。多數人相信海因里希是跳水自殺。有人說，海因里希的母親和一個弟弟都患有精神癲狂症，他本人在精神上也有悲觀和情緒不穩定的徵兆，死前幾個月，他時常愁容滿面，性情暴躁易怒，行為怪異，似乎已經精神失常。也有人說，海因里希由於經商上的挫折和不如意，在精神上不堪壓力而自盡。還有人說，海因里希與妻子約翰娜長期不和，他倆年齡相差十九歲，這一懸殊阻礙了婚姻關係的和睦，因而自尋短見。

現在再去推測海因里希的死因，已經沒有任何意義。他死時五十七歲，叔本華則已十七歲。父親不可能不在兒子的心靈中留下一些印跡，不管這印跡是明顯的，還是潛隱著的。

同樣的，叔本華的母親對他也產生過不可忽視的影響，正如他自己說的：「性格（或意

志）遺傳自父親，而智慧遺傳自母親。」（《性愛的形上學》）

叔本華的母親約翰娜出身於一個但澤市議員之家，家中富有，她本人聰明漂亮，受過良好的教育，具有優雅的文學才華，以寫作一些風花雪月的小說而在當時小有名氣。她以美貌自負，也有野心，同丈夫在性情上的確不和，時常以社交和旅遊活動來減少彼此間的磨擦衝突。

自負的女人往往是自私的，缺乏設身處地為他人著想的同情心。約翰娜很少在叔本華身上傾注母愛，一心想到自己的事情。可以發現，她的難於相處、鐵石心腸、尖刻無情，也不時地在叔本華身上表現出來。海因里希死後，約翰娜似乎得到一種解脫。她本來就厭惡商場，同兒子也難相處，於是攜女兒移居德國魏瑪。

在魏瑪，約翰娜出入於文人雅士的社交圈子，與他們過從甚密，不時有書信往來，過著放浪形骸的日子。她撇下了十八歲的叔本華，在書信中對他說：「我一再告訴你，很難跟你一起生活。我越瞭解你，越感到困苦增加。只要不和你一起生活，我什麼都可以犧牲。你的怪脾氣，你的怨言，你不高興時的臉色，你對於愚蠢世界、人類痛苦的悲傷，帶給我不快樂的夜晚，和不舒服的夢境。」她也算是很坦率，沒有將對兒子的反感隱藏起來。最讓她無法容忍的，是叔本華十六歲時就開始喜歡沉思默想人世間的悲慘事物了。

這一切，在海因里希死後發展到了頂點，母子之間形同路人。這無疑加深了叔本華對人情冷暖、世態炎涼的體驗，並發展到母子最後分手，至老死不相往來。

一八一三年冬天，叔本華的博士論文《充足理由原理的四重根》出版，他回到魏瑪將書送給母親。約翰娜不僅沒有表現出欣喜和興趣，反而加以嘲弄，這使一向自命不凡的叔本華感到自尊心受到了極大傷害。他以同樣的尖刻作為回報，母子兩人互不相讓，激烈爭吵，約翰娜竟氣得把叔本華推下樓梯。最後，叔本華對約翰娜說，她以後的出名，要靠他，她自己的文學生涯將不再能繼續下去。

約翰娜後來的命運被兒子不幸言中。從一八一四年五月起，叔本華和約翰娜徹底決裂，直到一八三八年四月十七日約翰娜去世，母子倆疏離了長達二十四年，再也沒有見過面。無疑，母子關係以這樣的形式作為結局，對於生性悲觀和對人間苦難敏感的叔本華而言，也可以說是一個不大不小的悲劇。

照人之常情來看，約翰娜算不上是一個好母親。她太自私，太自負，太固執，太不能理解和寬容。她既不能賞識兒子的天賦，也無法容忍兒子似乎有點怪異的個性，更談不上尊重兒子的人格。叔本華對母親也以牙還牙，還以顏色。並且，他心中始終有一個隱藏著的情結，那就是他一直懷疑在文人雅士圈子中風流浪漫的母親有失檢點，對不起他父親海因里希。這是一個永遠無法解開的疑竇，很可能在長時期中暗地影響著他對女人和性愛、婚姻的看法。

儘管有這些理不清的冤結，叔本華還是認為自己作為天才的智慧來自於母親的遺傳，並且對此頗有幾分自負。他的敏感，他那具有詩人氣質的稟賦，他那清新剛健的文風，大概多少與約翰娜的遺傳基因有幾分關係吧。

當然，我們不可盡信這一點，不可不注意到叔本華自己的成長過程和內心中那個獨立而獨特的世界。

優裕充實的少年時代

倘若把叔本華看作是天才，成大事者，那麼按照咱們古代聖賢的說法，他總得有一番飽經滄桑的人生經歷，歷盡苦難的磨練，才能有所作為，即所謂「天將降大任於斯人焉，必先苦其心志，勞其筋骨」，然後才有擔當和完成「大任」的資歷。

但是，這種看法顯然不適合於叔本華。他的家族的財富，足以讓他生活得優裕從容，甚至還可以沉溺於紙醉金迷的奢侈和享樂之中；他秉承父母基因得來的才智，也足以讓他在平凡庸碌之輩中出人頭地。上天似乎有意安排他來對世事人生作深邃的洞察和沉思，作一個智者。

在他七十二個春秋的人生旅途中，沒有大波大瀾的起伏，沒有驚天動地的業績，也沒有慘痛的挫折和失敗。直到他即將走完生命歷程的最後幾年之前，他幾乎是默默無聞地活著，而當聲譽鵲起、歡呼聲到來之時，他已經垂垂老矣，即將踏上黃泉不歸路。

他的童年是隨母親一起在但澤的奧里瓦莊園度過的。富裕的家境，使他從不知道食不果腹、衣不蔽體的滋味，並且受到良好的教育。不過，他在這時便顯露出了日後喜好沉思默想和敏感的端倪，大凡遇上悲慘不幸的事，總愛一個人沉思很久，在心靈中堆積起無數在他那個年紀無法解答的疑問。

一七九三年，叔本華五歲。普魯士國王弗里德里希·威廉二世將但澤歸入自己的版圖。這對崇尚自由、民主和共和的海因里希來說是無法接受的，他們舉家遷往自由城市漢堡，住進舊城新街七十六號，後來又搬到新萬德拉姆街九十二號。

在叔本華的妹妹路易絲·阿德萊特·拉維尼亞出生的那一年，即一七九七年，九歲的叔本華隨父母一起遊歷巴黎和勒阿弗爾。海因里希希望孩子學會法語，便將叔本華交給一位在巴黎經商的朋友格雷戈勒·德佈雷西曼。叔本華在德佈雷西曼家住了兩年，學習法語和法國文學，並且同德佈雷西曼的兒子安提姆交上了朋友。這兩年是叔本華一生中最愉快、最值得回憶的歡樂時光，他與安提姆一起接受私塾教育，無憂無慮，自由自在。

一七九九年八月，在拿破崙發動政變之前，十一歲的叔本華經海路返回德國漢堡。海因里希把他送到龍格博士辦的私立學校學習，一直到一八〇三年。這種安排是海因里希的意願，他一心一意想讓兒子繼承自己的衣缽，為將來經商打下基礎。叔本華在私立學校同商人的兒子沙里士·戈特弗勞伊、酒商的兒子格奧爾格·克利斯蒂安·洛倫茨·邁爾交上了朋友。

但是，已經初涉人世的叔本華顯然對父親的職業沒有興趣，經商同他喜好沉思的天性並不吻合，就連私立學校的老師也看出了這一點，認為叔本華在十四、十五歲時表現出的落落寡合、緘默不語、沉思冥想，是哲學天才的表現。加上海因里希是商界名人，約翰娜在文藝界中出入，家裡的座上客多半是當時文藝界的名流。一八〇〇年，他們一家去布拉格和卡爾斯巴德旅行，途經魏瑪時拜見了文壇泰斗席勒，在柏林會見了伊夫蘭德。處在商場和文壇鮮明對比中的叔本華，明顯感到了商人生活的庸俗和市儈氣息，逐漸培養起來的興趣和志向，註定了他不可能成為海因里希的接班人。

叔本華自己對這一點是十分明白的，一心嚮往文人學者的生涯，而海因里希卻堅持自己的打算。他對叔本華的興趣和志向不是沒有覺察，叔本華曾向父親提出過要求轉入普通中學學習，但是話一出口，就遭到了嚴詞拒絕。海因里希並非有意同兒子過不去，他憑自己固有的觀念認為經商比學者生涯來得實在，不會受窮。同時，他也明白，用高壓手段扼殺兒子的志向，是難於奏效的。經過一番苦心思索，海因里希提出了兩個方案讓叔本華選擇：一是按叔本華自己的意願走文人學者之路，進入高等學校繼續讀書；一是他們全家一起外出旅行，從此不再提出走文人學者之路。

叔本華選擇了後者，答應海因里希不進文科學校學習，將來不當學者。莫非他就這麼輕易地改變了自己的志向？其實，叔本華此時此刻是出於不得已而暫時順從了父親。與此同時，他也受少年期好奇心的驅使，想去法國重見好友安提姆，去目睹英倫三島的風物，去飽覽遍佈義大利的古羅馬遺跡，幾乎把父親要他學習經商的要求置之腦後。

一八〇三年五月三日，叔本華與父母一道踏上了遊歷歐洲各地的旅途，此去便是一連兩年。

他們經過荷蘭到了英國，從六月三十日到九月二十日，叔本華進入溫布林頓的寄宿學校學習英語。隨後，他們又去了德國、義大利、奧地利、瑞士等國，於一八〇四年八月回到但澤，次年初返回漢堡。

在這次遊歷期間，叔本華的父母一直在督促著兒子的學習，讓他記下遊歷體驗。在倫敦學習英語的三個月，為他的英語水準奠定了堅實的基礎。後來，他曾打算將他所推崇的康德的哲學著作譯成英語，只是因故未能實現。他對英國和英國人頗有好感，稱讚英國人是歐洲各國中最聰明的人，以至於有人認為，他後來注重客觀和實際的思想傾向，他的清新脫俗的文風，都是受英國風氣的影響。不過，他對英國教會以及神職人員的迂腐頑固的瞭解，使他痛恨英國教會，對它進行了強烈的抨擊。

在但澤逗留的三個月中，叔本華曾在鉅賈雅各・卡布隆處學習，這是他父親海因里希有意安排的，卡布隆後來創辦了商學院。他還在但澤的瑪麗教堂行了基督教的「堅信禮」。回到漢堡後，叔本華按照事先與父親的約定，去了漢堡大商人馬丁・約翰・耶尼斯那兒學習經商。然而，照他的天性，他無論如何產生不了對經商的興趣，時常偷空看他喜歡看的書，或者獨自陷入沉思冥想之中，自認為是最差的店員。有空時他還去聽龍格博士有關神學的講演，進一步加深了他對基督教思想的理解。

不久之後，父親海因里希突然亡故，這對此前一直過著優裕生活的十七歲的叔本華來說，算是頭一回親身經歷了一次人生的變故。儘管他對父親談不上有多深厚的父子之情，尤其是父親一直堅持要他學習經商，使他十分苦惱，但同母親比較，叔本華多少對父親懷著一些敬重之情，而不像對約翰娜那麼勢不兩立。

海因里希去世後，約翰娜變賣了在漢堡新萬德拉姆街的房產，舉家遷往科爾霍夫街八十七號。一年之後，她帶著女兒最終遷居魏瑪。這一段時間是叔本華人生旅途中最為陰鬱的日子。他獨自留在漢堡，守著父親留下來的基業，心情灰暗到了近於絕望的地步。對經商生涯的厭惡隨著父親的去世而急劇膨脹起來，同母親的對立也讓他嚐到了人間痛苦的滋味。

他在萬般無奈之中多次給母親寫信，請求離開漢堡，不再死守著經商之道，去繼續他所喜愛的人文學科的學習。殊不知，早已形同陌生路人的母親竟然答應了他的請求。無論約翰娜是出於什麼考慮作出了這一應允，叔本華卻把它看作是母親對自己內心的苦衷的諒解，感動得流下了淚水。

這個應允實際上把叔本華從他視作枷鎖的經商之途中解放了出來，讓他能夠照自己的意願去做自己喜歡做的事，如同囚禁在籠中的鳥兒，一朝被放歸到大自然之中去，他的那份欣喜之情是不難想見的。就這一點而言，約翰娜還算對兒子做了一樁善事。

於是，叔本華在一八〇七年五月底離開了漢堡，途經魏瑪去了戈塔。他在戈塔中學跟隨弗里德里希．雅各兄弟學習，結識了卡爾・路德維希・費爾瑙，在卡爾・戈特霍德・棱茨教授家中住宿。這年十二月，他離開了文科中學，遷居魏瑪，同一些作家有了交往。

這是他生命里程的一個新開端。

海因里希的突然亡故，對叔本華來說可算是一件幸事，因為他沒有了來自父親意志的壓迫，而可以自主選擇。完全可以設想，倘若他父親活得很長，那麼他的命運將會是另一種樣子，要麼是順從父親的意志，從此做一個商人，不再去想走學者之路；要麼是同父親徹底反目決裂，如同與他母親那樣。這兩條路恐怕都是讓人難以忍受的。照叔本華的性情，他多半會選擇後者，這樣的話，他的悲觀情緒必定會更加沉重濃厚，近乎黑色；他的絕望可能會更徹底，達到不可救藥的境地。

青年時期的經歷，為叔本華日後的發展打下了堅實的基礎。一方面是行萬里路，廣泛遊歷歐洲各國，耳聞目睹的種種人生現狀，為他思考人生真諦提供了豐富的生活素材；一方面讀萬卷書，廣泛涉獵數學、自然科學、歷史、文學藝術和古今思想家的著作，並且精通法語、英語等主要語言，這為他的哲學研究提供了豐厚的思想資源和堅實的語言工具。

在這樣的沃土之中開出來的智慧之花，絕不可能是蒼白貧血的，不可能因先天不足而早夭。它本身就如同洋溢著青春活力的生命一樣，有血有肉，精力充沛彌滿，心臟和肢體強健有力。

初踏學問路

一八〇九年二月二十二日，叔本華年滿二十一周歲。

這不是一個平凡普通的生日。他成年了，走過了以一帆風順、優裕富足、博聞廣見開始，以父親亡故、與母親分道揚鑣結束的青少年時代，向著獨立成熟的成年邁進。

他已完全具備了獨立自主的能力，不再受任何外來的壓力和約束的左右，準備大力朝自己選擇的目標前進，自覺而自由地擴展自己的興趣和志向，讓它們結出豐碩的果實。同時，也準備著向橫亙在思想史上的一座座高峰挑戰。

他繼承了父親海因里希遺留下來的、屬於他自己的那一部分財產。據說財產的數目相當可觀（近兩萬塔拉），這不僅意味著他獨立自主的能力增添了強有力的經濟支柱，用不著為日常生活中的衣食住行、鍋碗瓢盆等等操勞奔波，憂心苦惱，甚至還可以優遊度日而有餘；這也同時意味著他有了對思想者的沉思冥想來說必不可少的閒暇。

人類心智的發展，如果沒有閒暇作保障，其前景是不堪設想的。閒暇不僅僅意味著擺脫日常瑣屑繁雜事務的束縛，使人有充裕的時間和精力來發展心智。它也意味著心靈和智慧本身擺脫為實際功利目的的考慮所受到的限制，拉開與物質、功利的距離，以局外人、旁觀者的立場，來審視和洞察一切的世事人情、一切的宇宙萬物，讓它們在智慧的審視和洞察中現出本來面目。

有了這一切之後，叔本華立刻離開了他母親約翰娜所在的、當時文人名流的薈萃之地魏瑪。

一八〇九年十月七日，叔本華到了哥廷根大學。他是有目的、有準備而去的。他沒有虛度此前待在魏瑪的兩年時光，並未同他母親住在一起，自己另找住處，心無旁騖，潛心埋頭於如饑似渴地吸取智慧的養料之中，並且取得了到大學旁聽的學力資格。

在哥廷根大學，叔本華成了醫科學生。他的興趣和注意力主要集中在自然科學上，尤其是當時處在自然科學前沿的物理學、化學和生理學之上。他也結識了不少朋友，其中有後來擔任普魯士駐梵蒂岡和倫敦的大使克利斯蒂安・邦森，以及威・巴・阿斯泰爾。

第二年，叔本華的興趣逐漸轉向哲學問題。他的哲學老師是哥廷根大學的哲學教授弗里德里希・博特韋克和戈特洛布・恩斯特・舒爾茨。在舒爾茨的指導之下，叔本華對柏拉圖和康德的哲學產生了極大的興趣，開始讀這兩位智者的著作。幾年之後，這兩位智者的影響便在叔本華自己的思想建構中顯現了出來。

叔本華在大學期間的學習是勤奮而狂熱的。除了他最感興趣的一些東西外，凡是能夠汲取的，他都盡最大努力加以汲取。他在這方面的野心不小，力圖使自己成為最淵博的學者，竭盡全力朝這個方向努力。或許，這是由於此前求知的渴望和無窮的精力被壓抑得太久的緣故；或許，他意識到自己初踏上求學之路，必須盡可能充實自己，取得與大腕、權威們對話的資格；或許，父亡母去的打擊，在激勵著他一定要做出點成績來；或許，他太想成為天才，太想出類拔萃了……總之，他在成為學者的路上一路狂奔。

他在古典學術方面的推進日益精深，希臘語和拉丁語的造詣趨於純熟，除了原已掌握了的英語、法語之外，他還修習了西班牙語，翻譯過西班牙語的文學作品。他幾次打算翻譯康德和休謨的著作，足見他的英語水準之高。這個時期，他不光是關注哲學問題，仍然沒有放棄對其他學科的學習，醫學、物理學、植物學、天文學、氣象學、生理學、法學、數學、歷史、音樂等等，他都給予了相當的重視，並沒有把自己的目光限定在哲學的範圍之內。

叔本華的學習態度也相當嚴謹，這不僅在他日後的著述當中表現了出來，而且還表現為他有良好的學習習慣。他聽課時既用心也動手，把重要的地方記下來，課後再加以整理，遇到問題或有心得的時候，還在筆記上寫下批語，從不馬虎苟且。更重要的是，他從來不是一架聽課和學習的機器，雖然廣採博納，卻要經過自己獨立思考之後消化吸收。他從不人云亦云，盲目附和，也從不隱瞞自己的立場和觀點，敢於指出別人，哪怕是名教授的錯誤，堅持真理和獨立不羈的個性。

如果我們承認叔本華是個天才的話，那麼他的天才之中有著性格、氣質、智慧等天賦的因素，也有著他的人生閱歷、勤奮好學、學風謹嚴的因素。換句話說，他之所以成為天才，並非偶然，他為之進行了奮鬥和努力。後來，他經常自豪地說：「這就是為什麼我能夠有權威、很光榮地討論一切。人類的問題不能單獨研究，一定要和世界的關係連帶地研究——像我那樣，把小宇宙和大宇宙聯合起來。」

一八一一年，叔本華同克利斯蒂安・邦森在魏瑪過完復活節之後不久，於九月開始在創辦不到兩年的柏林大學學習哲學。

此行最初的動機是受到約翰・戈特里布・費希特的感召。當時，費希特是德國最負盛名的哲學家，曾經一度信奉康德哲學。叔本華為了聽他的哲學講演，以及另一哲學家弗里德里希・恩斯特・施萊馬赫的哲學講演，便轉移到了柏林。

但是，費希特和施萊馬赫的講演使叔本華大失所望，他同施萊馬赫發生了爭論。施萊馬赫認為哲學應當建立在宗教信仰之上，叔本華對此持強烈反對的態度。他認為，真正的哲學研究，應該如同在沒有嚮導者的花園裡漫步一樣，這樣雖然危險，但卻是自由的，獨立的。

　　最不能讓叔本華忍受的是費希特，這不光是由於他不同意費希特的哲學思想。他發現，這位大名鼎鼎的哲學教授態度傲慢，目中無人，講演中充滿神秘的詭辯，這使得他大為反感。雖然費希特有關意志的性質和意志在知識中所扮演的角色的觀點給叔本華留下了深刻的印象，雖然叔本華照樣去聽費希特的講演，但叔本華卻無法改變對費希特的壞印象。他似乎像搞惡作劇似地同費希特過不去，留心尋找費希特的碴兒，並同他進行爭辯。他在筆記中對費希特進行了尖刻的批評，甚至還開玩笑地把費希特講演的題目《知識學的原理》寫成《知識學的空虛》。有時候，他嫌費希特沒有把問題講清楚；有時候，費希特講得很清楚，他卻嫌他太囉嗦，翻來覆去地講，讓人覺得了無趣味。有一次，費希特說了「天才像上帝，瘋狂是野獸」這樣一句話，以此說明天才和瘋狂二者的區別。叔本華認為費希特不懂心理學，沒有資格當哲學家，並寫了一段長長的批語，批駁費希特的觀點。這段批語後來便成了叔本華關於天才的理論的起點。

　　在當時的風氣之下，叔本華的同學中大多數是傾向於費希特的。他們承認或者默認費希特的權威地位，對他的觀點很少提出懷疑和反駁，並且認為叔本華的做法是狂妄自大的表現。叔本華因此而顯得有些孤立，較少有人同情和支持他。不過，柏林大學的動物學教授馬丁・海因里希・利希滕施泰因卻同在當學生的叔本華結下了私人友誼。

這種情況對於卓有建樹的思想家來說，並不奇怪，甚至是家常便飯。他們超常的智慧，敏銳的領悟能力，異常的自信，獨立不羈的個性等，往往被凡夫俗子看作是輕狂自大，目中無人。這種世俗的誤解和偏見不足為奇，況且叔本華自己並不以為意。

一八一二年夏天，叔本華經過魏瑪和德勒斯登到坦普里茲去旅行。此時拿破崙進攻俄國正進入關鍵階段，莫斯科發生大火。年底，拿破崙的軍隊撤離俄國。一八一三年，德國解放戰爭爆發，法軍進襲柏林。當普、法軍隊於五月展開呂策和格羅斯戈森戰役時，叔本華逃出了柏林。

在出逃途中，叔本華被法軍抓住，為法軍充當翻譯。十多天之後，法軍放了他。他通過德勒斯登回到魏瑪，在那裡開始撰寫博士論文。外界如火如荼地發生著的一切，對叔本華來說完全是另一個世界的事情，似乎與他的所思所想所為全然沒有干係。他完全沉浸在他那個思想的王國之中。

叔本華隱居到魏瑪南部的一個小侯國羅德斯塔特去寫他的博士論文《充足理由原理的四重根》。這篇論文深受康德哲學的影響，專論世間事物的因果關係。它把因果觀念的來源歸納為現象、理智、存在和意志四類。他的全部哲學思想的框架，在這篇論文中已具備了雛形。

論文完成之後，叔本華感到在柏林大學不可能通過論文，得到學位。於是，他將論文提交到耶拿大學去評審，獲得通過，並獲得了哲學博士學位。他隨即自費將博士論文印刷出版，但是並未引起同行們的注意。

一八一三年十一月五日，叔本華攜帶剛出版的博士論文回到魏瑪他母親約翰娜的家。他將論文送給母親，期望得到母親的贊許。不料約翰娜對兒子的成果不屑一顧，結果母子為此大吵了一場，不歡而散。

然而，叔本華的成就得到了歌德的讚賞。早在離開魏瑪去柏林之前，叔本華就結識了這位德國文壇的巨匠。一向自視甚高的叔本華被歌德的才華所吸引，仰慕這位大師的風姿，而歌德也很器重年輕的叔本華。有一次在耶拿的一個聚會上，人們都圍坐在一塊兒閒聊，叔本華卻獨自一人在窗戶旁沉思，有幾個女子在一旁取笑他。正在這時歌德走來，他弄清事情的因由之後說道：「不要取笑這位少年，到時候他會比我們全都厲害。」由此可見叔本華在歌德心目中的地位。

歌德認真讀了叔本華的博士論文，儘管他並不完全贊同叔本華的觀點，但卻認為論文很有價值，並且認為其中的一些觀點與他自己從前《論色彩》一文中的觀點有相聯的關係。歌德還很賞識叔本華獨立不羈的精神，把叔本華邀請到家中，花了一晚上時間促膝長談，專門討論歌德的色彩理論。

從此，叔本華與歌德結成了忘年交（歌德比叔本華大三十九歲）。他們多次在一起討論色彩問題，以至叔本華也對色彩問題產生了濃厚的興趣，為此寫了一本《視覺和色彩》的小冊子，於一八一五年秋天將小冊子的手稿交給了歌德。歌德接受了叔本華有關視覺和色彩的觀點，他們的討論也由此擴大到了各種問題上。討論多數是在晚上進行，主要同倫理學和美學有關。但是，他們討論的問題越多，彼此都發現觀念上的差異越大。不過，觀念的差異沒有影響到他們倆的友好關係，即便出現了爭執，多半也是以友善告終。這種情形，在叔本華的人際交往中即使不是絕無僅有，也是十分罕見的。最後，他們的討論再也沒有進行下去，直到歌德於一八三二年三月二十二日去世，他們幾乎就沒有什麼往來了。

出道受挫的滋味

對叔本華來說，他的人生旅途似乎沒有太多的十字路口。以他的家族的財富而言，他可以錦衣玉食，笙歌樂舞，沉溺於聲色犬馬，得意於風月場上。或者他也可以像父親海因里希一樣，在商場上馳騁縱橫，拼命積攢財富。然而，上帝把他派到這世上來，註定就是讓他做一個沉思默想、靜觀冥思這人間戲劇的思想者。以他的博學廣見和才華橫溢，他也可以選擇其它更為實際的學科，比如生物學、物理學等等。他偏偏執著於哲學，對這門智慧之學情有獨鍾。這恐怕只有以天性來解釋。

獲得博士學位之後，叔本華便全身心地投入到他所鍾愛的哲學研究之中。如同他在大學讀書時一心一意、全神貫注地吸取各種知識一樣，從這時起，他同樣一心一意、全神貫注地潛心構築自己的哲學體系。他一生中最重要的成果，便是在這個時期中產生的。

一八一四年，《哥廷根學報》發表了一篇對叔本華哲學思想的評論。這表明，已經有人注意到了他的存在。不過，這僅僅是一個小小的微波而已，與他已經做過的，大體上是相稱的。

與此同時，叔本華與母親約翰娜的矛盾和爭吵達到了頂點。這年五月，他同母親徹底決裂，離開魏瑪，移居德勒斯登，住在德勒斯登郊區的奧斯特拉大街。他在這裡一住就是四年，把所有時間和精力都用在了寫作《作為意志和表象的世界》之上。

這是一部傾注了叔本華全部思想精華的著作，此後的其它著作則是對這部著作中的思想的發揮和延伸。

產生寫作《作為意志和表象的世界》的念頭，並非是從遷居德勒斯登後才有的。早在柏林大學時，叔本華就有了寫作這本書的念頭。在一八一三年，他曾在筆記中表達過這樣的意圖：「在我的手上和心中有一件工作，就是使形而上學和倫理學合而為一。以前，人們錯誤地將形而上學與倫理學分離，使肉體和心靈不能合而為一。」在他的博士論文中，他已初步勾劃出了這時將要寫作的《作為意志和表象的世界》主要的思想框架。

到了德勒斯登，原先早已孕育著的胚胎成熟了，正是將要呱呱墜地之時。從前朦朧的思想，此時明晰了；從前散亂如珠的思想，此時神奇地串聯在一起了；從前尚不豐滿的思想，此時逐漸豐腴起來。他一邊思索、寫作，一邊不斷廣泛閱覽，以使自己更加充實。他讀了英國經驗主義哲學家霍布斯的著作，十八世紀各種有關生理學和心理學的著述，愛爾維修和卡巴尼斯的著作，以及有關印度哲學的著作。尤其重要的是，他認真研究了印度哲學的經典著作《奧義書》。還在魏瑪的時候，叔本華便從東方語言學家邁耶那裡知道了《奧義書》。這部印度古代吠陀教義的思辨作品，引起了叔本華的極大興趣和熱情，他的生命哲學顯然從中受到了啟發。

不過，叔本華這時並不是像苦行僧那樣一頭鑽進書齋之中，他沒有把自己當作一架讀書和寫作的機器。他的個人生活是豐富多彩，有滋有味的。

他廣泛地結交當地的文人學者，其中有泛神論者卡爾・克利斯蒂安・弗里德里希・克勞澤，畫家路德維希・西吉斯蒙德・魯爾，作家赫爾曼・馮・皮克勒・穆斯卡烏和斐迪南・弗赫爾・馮・比登費爾特等人。他們或者在一塊兒談哲學，或者談寫作、藝術，或者談人生，交談中不時有智慧之光閃現。

叔本華也經常到郊外、田野或林中漫步，同大自然貼近，去感受自然的新鮮氣息和萬千景象的無窮變化，去沉思自然和人生的奧秘之所在。

他常去聽音樂會，去觀看歌劇演出，去美術展覽館看畫展。他尤其喜歡文藝復興時期的藝術大師拉斐爾筆下端莊溫柔的聖母形象。我們不應忘記，德勒斯登是個著名的文化城市，當地的塞姆佩爾美術館，是歐洲最著名的美術館之一，收藏有大量古典時代的名畫。那裡有聖母教堂的遺址，著名的茨溫格爾宮富麗堂皇，金碧輝煌。德國著名音樂家都以能在這個歌劇傳統深厚的大歌劇院中演出為榮。因此，德勒斯登這座美麗絕倫的城市，被譽為「易北河上的佛羅倫斯」。

叔本華處於這種濃厚的文化和藝術氛圍之中，怎麼可能拒絕它的誘惑？況且，他的哲學本身也同藝術一樣，是貼近生活和人生的，而不是高高建立在形而上的象牙塔之中的。正如他自己所認為的那樣，倘若人生沒有了休閒和娛樂，就如同試穿衣服沒有鏡子一樣。

一八一八年三月，叔本華完成了《作為意志和表象的世界》的初稿，並於八月為他的這部重要著作撰寫了前言。他將書稿送到了出版商那裡。自視甚高的他毫不客氣地當著出版商自誇說：「這不是舊思想的改頭換面，而是結構嚴密而連貫的、獨創的新思想。」它「明暢而易於理解，有力而且優美」。他還預言說：「這本書今後將成為其後數百年著作的泉源和根據。」

叔本華的預言也許過分誇張，但是，他所指出的他那部傾注全部心力的傑作的優點，卻是實實在在的，並且確實在若干年後產生了巨大的影響。出版商們有眼不識寶玉，不願意破資出叔本華的書。叔本華為此四處奔波遊說，同出版商討價還價地力爭。

終於，有出版商被說服了。一八一九年初，F.A.勃洛克豪斯出版社出版了叔本華的傑作《作為意志和表象的世界》。這時，叔本華剛到義大利的威尼斯、佛羅倫斯等地遊覽回來，他得知書出版的消息之後十分高興，馬上送了一本給大文豪歌德。歌德十分欣賞叔本華有關藝術和自我知識的觀點，但對這本書的其它部分卻沒有多大興趣。接著，叔本華又去義大利的羅馬和龐貝，以及瑞士等地遊歷了大半年，於當年八月返回德勒斯登。

當時的思想界和學術界對叔本華的著作始終反應很冷淡，除了讓・保羅之外，幾乎沒有人對《作為意志和表象的世界》感興趣。在一年半的時間內，總共只賣出了一百五十部。原因很簡單，叔本華是處在主流思想圈子之外的一個邊緣人，一個無名之輩。他沒有顯赫的地位，沒有耀眼的各種桂冠，沒有大批的追隨者、仰慕者和吹鼓手。他的著作完成之時，年僅三十歲，按通常看法，還算是初出茅廬，不大可能有人對他正眼相看。在費希特去世（他死於一八一四年一月十九日）之後，執德國思想界和學術界牛耳的大腕是喬治・威廉・弗里德里希・黑格爾。他接替費希特的位置，擔任柏林大學教授，後來又擔任該校校長。他在當時的德國哲學界幾乎是一枝獨秀，聲譽和地位壓倒了所有別的哲學家，成了眾望所歸的主流中的核心。

叔本華所遭遇的情況，在人類思想發展的歷史中並不少見。每當一個新的天才和一部新的傑作問世之時，人們都會以異樣的目光對其側目而視。尤其是對於處在文化主流圈和文化霸權者範圍之外的人和著作，更是或報之以輕蔑，或報之以敵視，甚至也可能用暴力手段加以迫害。倘若處於主流之外的「邊緣人」還膽敢向權威挑戰、桀驁不馴的話，人們更是要大張撻伐，竭力將其拒斥於主流圈子之外。

一種思想，一種哲學想要進入歷史，並且成為歷史的一部分，必定要以某種方式進入文化的主流圈，必定要有人賞識、抬舉、吹捧、追隨。否則，就只有坐冷板凳，或者在默默無聞中悄然消失。

也有幸運者，因為某種特殊的因緣和時代氛圍，在生前或身後被人們「發現」，像出土文物似地被發掘出來，然後捧到天上，再進入到歷史之中，成為歷史長廊中的展覽品。

從這一點來看，叔本華也算是幸運者。在他生命的最後幾年中，他突然被人們「發現」，走紅起來，聲譽卓然。不過，這畢竟是幾十年之後的事了，而此時的他，仍然以主流之外的邊緣人的身份在為成名而苦苦爭鬥和掙扎。

一八一九年和一八二〇年這兩年，可以說是叔本華生命旅程中最為灰暗的日子。接二連三的挫折和打擊，給他的悲觀厭世和憤世嫉俗，無疑增添了好幾重冰霜，使他對人生的孤獨、寂寞、冷漠、悲觀、絕望又有了更加切膚的體驗。

一八一九年七月，叔本華正在義大利、瑞士旅遊時，突然傳來使人震驚的消息：他在家鄉但澤投資的亞伯拉罕・路德維希・莫爾公司即將倒閉了。這意味著他和他的家人賴以為生的財源受到了威脅。叔本華匆匆結束了旅程，立刻趕回德國。他孤注一擲，全力拼搏奮爭，及時保住了屬於他的那一部分財產。那家公司於八月份倒閉，他母親約翰娜和妹妹阿德勒因為沒有聽從他的忠告，後來在經濟上幾乎走上絕境。

禍不單行。這年十月，維也納的《文學年鑒》和魏瑪的《文學週刊》相繼發表了一批評論文章，對叔本華的主要著作《作為意志和表象的世界》進行了否定性的批評。這對自信而驕傲的叔本華來說，無異於當頭潑來的冷水，使他的自尊心大受傷害。

處於情緒低谷之中的叔本華，力圖重振旗鼓，尋找一條適合於自己的新道路。

他一心想到柏林大學去任職。作出這一選擇，大約是出於幾方面的考慮。為了日後遇上財經危機時在生活上有所保障，最好有一個穩定的職業。對他而言，最合適的職業莫過於教書了。同時，在大學教書仍可繼續他的哲學研究。還有，他想與權威黑格爾一爭高低，認為自己的哲學內容準能超過黑格爾。再說，柏林大學也算是他的母校，對那裡的情況比較熟悉。

就這樣，叔本華於一八一九年十二月三十一日這天向柏林大學提出申請，請求在該校任哲學講師。不久之後，即一八二〇年春天，他的申請得到了校方批准，讓他擔任柏林大學的「額外講師」。

他對這一職位抱有很高的期望值，以為憑藉自己的智慧、才華和講演口才，一定能吸引大批聽眾，一定能使黑格爾相形見絀。他特意把自己的講座的時間與黑格爾上課的時間安排在同一時刻，試圖把黑格爾的學生吸引過來。他的第一個講座叫做《整個哲學就是關於世界的本質和人的精神的學說》。

然而，他失敗了，並且失敗得很慘。前來聽他講演的人寥寥無幾。這是他的第一次講演，也是他一生中唯一的一次。

此後，他作過多次舉行講演的努力，最後一次是在一八二六年的夏季學期。這些努力全都因為聽者寥寥而流產了。據說人數最多的時候從未超過三個人！他在柏林大學待了一共二十四個學期，全部授課時間加在一起還不到一個學期。他所期盼的教授頭銜，始終沒有落到他的頭上。他開頭兩年的努力，全都付諸東流。

一八二二年五月，叔本華重遊瑞士和義大利。他在反思自己受挫的原因。他稱黑格爾的哲學是「官方哲學」，認為黑格爾的哲學使整個德國知識界的心靈和大腦腐敗，認為盲目的大眾很容易接受權威和名聲，而不容易接受實實在在的真理。他已經開始意識到了，大學講壇和大學教授的頭銜不屬於自己，屬於自己的，只有孤寂的內心世界。

這一時期，他雖然仍是柏林大學講師，但基本上不屬於那兒。一八二三年五月他旅遊回來後不久，他母親約翰娜便剝奪了他的繼承權。不過，即使這樣，他也可以不用為五斗米而折腰，靠著他父親留給他的遺產，他依然可以生活得很優裕。

此後，叔本華大部分時間都在柏林，只有一些短時期的外出療養治病和遊歷。一八二六年他在柏林大學作了最後一次講演努力之後，便放棄了一切希望。他想埋頭於翻譯，結果卻一事無成。他原先打算把英國哲學家休謨的著作《自然的宗教對話集》翻譯成德語，把康德的名著《純粹理性批判》翻譯成英語，但當他向英國出版商提出這個建議時，卻沒有得到答覆，他只好放棄原先的打算。一八二九年，他翻譯了西班牙哲學家巴爾塔札爾・格拉西恩的《處世預言》，他找到曾經出版過他的《作為意志和表象的世界》一書的出版商勃洛克豪斯。但是，這一次勃洛克豪斯拒絕了叔本華的出版要求。其中原因，大概與頭一次的合作不成功有直接關係。

一個接一個的挫折和打擊，使叔本華沒有心情來安心沉思和寫作。一八三一年，柏林流行霍亂病，叔本華因為懼怕霍亂而逃離柏林，到了緬因河畔的法蘭克福。這次出逃，使叔本華永遠離開了柏林，也永遠離開了柏林大學，從此與大學和大學教師的職位絕了緣。

也許是偶然的巧合，被叔本華看作競爭對手和仇敵的德國古典哲學大師黑格爾，在霍亂肆虐柏林城之時沒有像叔本華那樣出逃，然而卻染上了霍亂，在叔本華出逃之後不久，即一八三一年十一月十四日，黑格爾在柏林去世。

重新發現叔本華

從一八三三年七月六日起，叔本華在法蘭克福定居，直到一八六〇年九月二十一日去世為止，總共二十七年時間，他一直住在那裡沒有離開過，也沒有再作任何謀職的打算和努力，以潛心思考和著述度過了餘生。

他來到法蘭克福，當然不只是為了躲避霍亂，也因為那裡景色宜人，氣候溫和，還集中了不少名醫在城中。法蘭克福也是一座文化名城，有著濃厚的文化氣息，尤其是音樂、歌劇和戲劇十分繁榮。這些條件，很適合叔本華的性情和需求。

他住在法蘭克福的一所公寓裡，過著獨身生活，想以著作終身，憎恨「哲學教授」這個職稱。他自認為是康德哲學的真正繼承人，欽佩康德，在生活上也儘量模仿康德（康德也一直獨身）。他在書齋中供奉著一尊康德的半身雕像和一尊銅佛。

他一生中最後二十七年的伴侶，除了一個傭人外，只有一條他取名為「宇宙精神」的長捲毛狗。他每天帶著這條心愛的狗散步兩個小時。

他每天到一家叫做「英國飯店」的地方去吃午餐。有一段時間，他突然心血來潮，每次吃飯開始時，他總是把一枚金幣放在餐桌上，等吃完飯後，又把金幣放回口袋中。他的這一奇怪舉動，使飯館的侍者疑惑不解，問他搞這項怪異的「儀式」是什麼意思。叔本華不緊不慢地回答侍者說：「這是一種靜默的賭注，只要我聽到在這裡的顧客不談馬、女人或狗，我就把這枚金幣投進濟貧箱去。」其實，他是在以這種方式表示自己的超凡脫俗，以及關懷人生的慈悲之心。

他的食量很大，因為他相信，人體的消耗與補充應當成正比，保持平衡，否則會有損健康。有一次，飯館裡一位素不相識的客人隔桌注視著他吃飯，他主動對那陌生人說道：「先生，你大概是驚訝我的食量吧？是的，我吃得比你多三倍，但是我的腦力也比你高明三倍以上。」

他還有飲酒的嗜好，每日晚餐都要來上一瓶淡酒，以激發晚間寫作時的靈感。天長日久，他品出了酒中的滋味，得出結論說：「酒是一個人的智力測驗，一個酒量大的人，決不會是個傻瓜。」

這一切讓我們看到，這個獨身者雖然形單影隻，彷彿給人一種孤芳自賞之感，但他個人的日常生活卻是充實的，有滋有味的，優遊從容的。

優遊的日子，加上法蘭克福寧靜而優雅的氣氛，使叔本華又恢復了思考和寫作的衝動。他堅信自己的主要著作《作為意志和表象的世界》的內容中所包含的真理性。自該書出版以來，儘管遭到了冷遇和批評，但他卻一直想擴大和充實該書的內容。一八三五年，他撰寫了《論自然界中的意志》一書，並於第二年出版了這本書。同他的第一部著作一樣，這本書也沒有引起太大的反響。

一八三八年四月十七日，叔本華的母親約翰娜・叔本華在魏瑪去世。這對叔本華沒有產生什麼影響，他依舊埋頭於自己的著述。一八三九年，他撰寫了一篇徵文《論人的意志自由》，於同年獲得了挪威科學協會的一等獎，但在德國，同行們依然對他不屑一顧。第二年，他又應徵撰寫《論道德的基礎》，送到丹麥皇家科學院，希望獲獎，但未能如願。一八四一年，他把上述兩本書合在一起出版，取名為《倫理學的兩個基本問題》。一八四四年，勃洛克豪斯出版了《作為意志和表象的世界》的第二版，它在原來的基礎之上作了很多補充。一八四七年，叔本華還修訂和補充了他的博士論文。

在這段時期，叔本華頻頻出版著作。他不甘寂寞，他不服氣，決心以著作證明自己的存在和價值。自己的同胞不承認，他就把名聲打到國外去。德國思想界對他的著作和學說不以為意，這似乎在證實著他所說的：「哲學的進步是在學院大牆之外造成的。」尼采後來也說：「叔本華與那些德國哲學相異，再也沒有比此事更能觸怒他們的了。」

現實經常就是如此：當非主流的思想企圖向主流思想挑戰，並希望得到承認時，總會遭到主流思想的極力排斥和打擊，將它視為異端，必欲除之而後快。叔本華是何等聰明的人，怎麼會不明白這一道理？他固執地堅持自己的做法，因為他深信，一種有價值的思想，遲早會被世人認識到的。

的確，這種認識終於出現了，儘管開始時很慢很慢，最終卻蔚成大觀，讚美之聲四起。所幸的是，這種承認在叔本華生前就出現了，而沒有等到他去世之後。這對他多少是一種慰藉，雖然他有時表現得很平靜。

最初的承認出現在一八四一年。一個名叫尤利烏斯・弗勞恩施塔特的博士，到法蘭克福找到叔本華，要拜他為師。叔本華收下了這唯一的一個弟子。

兩年之後，弗里德里希・多爾古特出版了《唯心主義的錯誤根源》一書。他在書中肯定了叔本華的哲學思想，並為叔本華的思想進行辯護。一八四五年，多爾古特又出版了《叔本華及其真理》一書，再次為叔本華辯護。

多爾古特的聲音也許是微弱的，但它畢竟意味著堅冰已經開始融化。加上叔本華自己的博士論文和《作為意志和表象的世界》的再版，實際上也預示著人們對他的承認即將到來。

一八五一年十一月，叔本華出版了他畢生的最後一部著作——《附錄和補充》。這部書包括了他在柏林大學時的哲學講演稿，以及討論宗教、文學、心理學的文章。其中的觀點，是對三十多年前他已表達過的觀點的補充和發揮。在這本書出版的過程中，也有一些令人不快的波折。叔本華先後找過三位出版商，但沒有一個出版商願意出版這本書。後來，叔本華通過他的弟子弗勞恩施塔特的介紹，柏林的出版商海恩才將這本書出版，報酬是出版後送給叔本華十本書。叔本華去世後，他的《全集》便是由弗勞恩施塔特編輯出版的。

《附錄和補充》出版後，立刻受到了由律師、醫生、商人等組成的中產階級的歡迎。他們發現作為哲學家的叔本華，沒有為他們羅列一大堆玄奧的形而上學的晦澀術語，而是向他們展示了現實生活的真相，揭示了通曉明暢的生活哲理。他們發現，叔本華替他們說出了內在的心聲，於是回過頭去尋找他的主要著作《作為意志和表象的世界》來拜讀，讀後才恍然大悟，原來叔本華這位智者，早在一八一八年時就說出了三十多年之後他們心中想說的話。這樣一來，叔本華的形象一下子在中產階級的心目中高大起來，成為他們頂禮膜拜的偶像。

叔本華熱一時間席捲了整個德國的中產階級。緊接著，這股風潮又席捲了歐、美。這種戲劇性的變化，大概是叔本華始料未及的。他在人生的邊緣上默默地待了幾十年，也一直在為成名苦苦掙扎，卻一直鬱鬱乎不得志，只得悄然隱退。現在，彷彿是在一夜之間，他變成了珍貴的「出土文物」，被人們供奉起來，讚美、鮮花、榮譽紛至遝來，令他應接不暇。

僅從表面上看，這場戲劇性的變化是偶然的，突然的，但它卻具有相當的現實基礎和必然性。一八四八年，日益壯大起來的德國資產階級試圖擺脫封建統治的桎梏，統一全德國，使德國國家資產階級化、近代化。然而，這場革命以失敗告終，作為新興資產階級主體的中產階級陷入對現實不滿和悲觀失望之中。加上大踏步向前發展的自然科學動搖了神學的信仰，社會主義思想的出現，它對貧窮、剝削壓迫和戰爭的控訴，生物學中進化論對生存競爭的宣揚，一下子把叔本華推向了時代舞臺的中心，從邊緣進入了主流。

此時，黑格爾的影響在德國各大學正在衰退，叔本華的聲譽日隆。法國和義大利的各種學術刊物相繼介紹和討論叔本華的哲學。丹麥神學家和哲學家、存在主義哲學的創始人克爾凱郭爾對叔本華哲學大加讚賞。一八五六年，萊比錫大學舉辦了討論叔本華哲學的論文比賽。一八五七年，波恩大學和布列斯勞大學開始講授叔本華的哲學。

叔本華自己在這時還沒有老到無法享受這些遲到的盛譽。他還不是一個完全不在乎名利的人。他懷著極大的興趣和熱情閱讀所有討論和評價他的哲學的文章和著作，甚至還要求朋友們將所有能找到的文章寄給他，由他支付郵資。

一八五四年，著名音樂家瓦格納將他的一部偉大歌劇《尼伯龍根的指環》獻給了叔本華。此前一向寂寞孤獨的他，此刻受到來自四面八方的人們的朝拜。一八五八年他七十歲大壽時，為他祝壽的信函從世界各地向他湧來。同年，柏林皇家科學院邀請他擔任院士，遭到了他的拒絕。不過，隨著他的名譽的日益增加，他一改從前煩躁粗暴的脾氣，為人變得日益和藹可親了。

一八六〇年九月二十一日早晨，在法蘭克福市好希望街十六號。叔本華起床後照習慣進行了冷水浴，然後獨自坐下來吃早餐，並且胃口還不錯。但是，一小時後傭人進屋來，發現主人躺在沙發的角上，心臟停止了跳動。這時，他七十二歲。

據說，這年八月叔本華曾經突然窒息，九月上旬得了肺炎。他死後，被安葬在法蘭克福市公墓，時間是九月二十六日，即他去世後的第五天。

送葬的人群中沒有他的任何親人：父母親早已先他而去，唯一的妹妹阿德勒也在他之前於一八四九年八月二十五日去世。他終身未娶，無妻無子無家，家族的「香火」到他這裡便徹底熄滅了。

留在他身後的，除了那些進入到思想發展的歷史中、鐫刻在近代哲學開創者的里程碑上的著作外，還有那隻長期陪伴他的長捲毛狗「宇宙精神」，以及大筆的財產。他雖然是個長於思想的智者，但也不乏從父親海因里希那裡承襲來的理財本領。到他臨終前，他從父親那裡繼承來的財產幾乎增加了一倍。

他在遺囑中表明，遺產分別分給一八四八年革命之後組織救助「殘廢軍人和孤兒寡婦」的協會、長捲毛狗「宇宙精神」和那個傭人。

第二章：智者人生面面觀

厭世的局外人

我想我是睡著了，因為我醒來的時候，看見頭頂上滿天星斗。我又聽到了郊區的聲音。夜晚的氣息，土地和鹽的氣息，清醒了我的頭腦。夏季沉睡中神奇的安靜，像潮水似地透進我的全身。忽然，在黑夜即將結束的時候，汽笛響了起來。它宣告有些人走進一個永遠不再和我有任何關係的世界裡。……我不存任何幻想，我第一次向著世界可愛的冷漠態度公開我的心胸。

這段文字，是叔本華去世八十二年之後，法國存在主義作家卡繆在他的成名作《局外人》（一九四二）的末尾，由主人公莫爾索所作的一段內心獨白。這個「局外人」莫爾索對外界一切事物完全無動於衷，在這個冷漠的世界上，他蔑視外界的一切，包括上帝和死亡。

這種局外人的處世態度，在某種程度上與叔本華的處世態度有著相似之處。

只要稍稍回頭看一下歷史，我們便會發現，叔本華所生活的十八世紀末到十九世紀上半葉這段時期，發生了不少近、現代史上的重大事變，即使不說是天翻地覆、滄海桑田的變革，也可以說是風起雲湧，波瀾壯闊。值得一提的重大事件至少有三件：

一七八九年的法國資產階級大革命。這次大革命提出了代表新興資產階級利益的《人權宣言》，第三等級的革命群眾攻佔了象徵著封建堡壘的巴士底監獄，並且把法國國王路易十六及其王后送上了斷頭台。在緊接著的復辟和反復辟的鬥爭中，叔本華的誕生地波蘭多次被瓜分。

一七九七年九月四日，拿破崙發動政變，奪取政權之後便自稱「皇帝」，把戰爭之火燒遍了大半個歐洲，直到一八一四年四月，拿破崙戰敗退位，法王路易十八的波旁王朝復辟，前後十多年。這以後的神聖同盟和復辟的時代，新興的資產階級遇上了第一次重大的國際政治危機，他們在政治上的雄心遭受了嚴重的挫折。

十九世紀中期，產業工人作為新興的群體正在迅速崛起，作為無產階級導師的馬克思和恩格斯發表了《共產黨宣言》，宣佈共產主義這個新的「幽靈」正在歐洲大地上遊蕩。在德國，資產階級的統治尚未確立，同時又受到正在成長壯大中的無產階級的威脅。一八四八年的德國資產階級革命雷聲大，雨點小，以失敗而告終。

這一切在叔本華看來，如同是另一個世界的事情。他不僅置身於其外，並且有自己的看法。他認為，像羅伯斯庇爾那樣的人，同羅馬皇帝尼祿一樣，都是以別人的痛苦為自己的目的，借別人的痛苦來緩和自己的痛苦。

的確，厭世是他的思想的一個重要特徵。他既厭惡革命，也厭惡反革命；他既厭惡暴力專制，也厭惡屠殺戰爭；他既反感愛國主義，也反感民族主義。如果僅僅用政治上的革命和反動的非此即彼的標準來看，叔本華差不多可以被當作反動派和反革命分子，因為人們可以找出他的言行來作證據。

比如，他在一八四四年說過：「我們現在在英國看到，在敗壞的工廠工人中有社會主義者，在德國看到，在敗壞的大學生中有青年黑格爾派，他們正墜入絕對自然的觀點，這種觀點導致的結果就是吃吧，喝吧，死了就再也享受不到快樂了，我們甚至可以把這種觀點稱為獸慾主義。」—（《全集》第二卷）

又比如，他在遺囑中將一部分遺產贈給在一八四八年革命中殘廢的士兵和死亡士兵的遺囑，而那些殘廢和死亡了的士兵，恰恰是參與鎮壓一八四八年革命的犧牲者。

可以肯定地說，革命和反革命，進步和反動，正義和非正義之間，毫無疑問存在著原則的界限；一旦捲入這種矛盾鬥爭之中，必然要表現出原則立場和明確的政治態度。然而，也有人會超出這種非此即彼、你死我活的鬥爭漩渦，完全做一個旁觀者、局外人。即使是在捲入鬥爭的人群中，多數普通群眾恐怕也未必明白政治上的是是非非，甚至有可能是受蒙蔽的無辜犧牲者。

叔本華當然是超然於他的時代的一切政治、鬥爭和革命之外的，他從未參加過集會、公眾講演、宣傳一類的活動，更不用說直接拿起刀槍上戰場去拼殺。除了哲學外，他很少關心和討論現實的政治，當戰爭或政治風潮襲來之時，唯恐避之不及。一八一三年，橫掃歐洲的拿破崙軍隊進襲柏林時，正在柏林大學讀書的叔本華匆匆逃離柏林，輾轉去了魏瑪。

叔本華的這種局外人的態度的形成，大概有幾方面的原因。他父親海因里希是一個世界主義者，抱有世界主義的理想，並企圖把叔本華培養成一個「世界公民」，他給叔本華取名為「亞瑟」，便是由於這個名字可以適用於歐洲各國。他讓叔本華自幼周遊各國，其用意也包含了讓叔本華通過廣泛的遊歷，養成世界主義的開闊胸懷。

從叔本華本人的角度看，他自幼多愁善感，性情孤獨內向，喜好沉思，並且憂鬱多疑，時常有迎風落淚、對月傷感的情懷。他尤其對世界悲慘的事物敏感，每當遇上這類事物，他都會長久不能忘卻，要去思索追求其中緣由。這樣一種個性，註定了他不可能成為性情剛毅的政治家一類的社會角色，也註定了他不可能成為無所畏懼、勇猛頑強的軍人，只能默默在自己的書齋裡以著作終身。

當叔本華獨立走上社會之後，逐步形成了和平主義和世界主義的思想傾向。他對狹隘的民族主義和狂熱的愛國主義不屑一顧，而認為一個人如果應當愛他的國家和民族，那為什麼不應當愛全世界和全人類？倘若一個人能夠愛全世界和全人類，那麼就不用宣揚民族主義和愛國主義了，因為熱愛全世界和全人類，就絕不會不愛國家和民族。一八一二年，拿破崙在俄國敗在庫圖佐夫手下，叔本華的祖國普魯士趁機起來反對法國。當時的普魯士普遍洋溢著民族的愛國熱情，但叔本華卻遠離這種潮流，絲毫不為這股愛國熱潮所動。他厭惡國與國之間的敵對，並認為，當國家剝奪了一個人居住地的獨立和自由時，他就沒有了要對國家忠誠的義務了。因此，他便以逃避來脫離開敵對的紛擾。

或許，叔本華的這種世界主義和和平主義的思想傾向，是最遭後人指責的一個方面，也曾產生過一些消極的影響。不過，這恐怕不應由他負責。一個思想家相信什麼，是他自己權利以內的事情；別人借用他的思想來達到某些險惡的目的，則超出了思想家力所能及的範圍，是另一回事情。

叔本華超脫於世事人間的爭鬥，也同他對世界的基本理解有關。他認為，這個世界的存在原本就是一大悲劇，世界的內容全部充滿著痛苦。「既然世界到處充滿著痛苦，人從生命的慾望中產生痛苦，痛苦既然與生命不能分離……人的荒謬也就莫過如此了。」（《人生的智慧》）因此，人類的命運，就彷彿是在黑暗之中受煎熬。雖然人們在黑暗之中不斷祈求和平與安寧，但是人類的各個歷史階段清楚明白地告訴我們的，則是「國家的生活不是別的，只不過是戰爭和騷動罷了，在歷史上所隱現的和平，無不是像曇花一現的插曲」。（同上）

個人的生活也如同國家一樣。個人不僅要同貧困和煩惱作永無休止的鬥爭，而且也要為戰勝他人而作永無休止的鬥爭。所以，「人在生活的經驗中發現了一件法寶，那就是不斷的衝突，死時也手握著寶劍。好可笑的世人啊，你們所尊拜的帝王，只不過在荒塚中埋了幾把寶劍！」（同上）

他就是這樣，不但超然於世事人間的紛爭，還以他的智慧居高臨下地俯察著人世間的悲喜劇，似乎把這悲喜劇看了個透徹：「我們每個人都像曠野中的羔羊一樣，在屠夫的眈視下作無知的嬉戲。在春和日麗的風光中，我們忘記了狂風暴雨、烏雲密佈的歲月。這就是當我們過的生活還算平坦之時，就忘記了人生隱藏在平坦中的悲慘命運、貧窮、病痛、傷殘斷腿、眼盲耳聾，甚至喪失理性。有幾個人能逃脫這種命運呢！」（同上）

既然叔本華把人間的悲喜劇看得這麼透徹，我們就不難理解他對待時代重大事件的態度了，他是決心有意擺脫那一切，心安理得地做一個旁觀者和局外人，去思考世界和人生的一系列根本性的問題。

十九世紀歐洲的思想界、文化界、藝術界是一個名人輩出的時代，我們可以輕而易舉地列出一大串名單：奧地利詩人弗朗茨．格里爾帕澤，奧地利作曲家莫札特，德國作曲家舒伯特，德國浪漫派詩人海涅，德國文豪歌德和席勒，法國作家雨果、大仲馬、梅里美，法國批評家聖佩韋，德國哲學家費希特、黑格爾，波蘭音樂家蕭邦，德國音樂家舒曼，匈牙利音樂家李斯特，丹麥哲學家克爾凱郭爾，德國音樂家瓦格納，戲劇家畢希納，革命導師馬克思和恩格斯，法國詩人波德賴爾，法國戲劇家維爾納，德國音樂家貝多芬，浪漫派作家施萊格爾，法國作家司湯達、巴爾扎克，德國哲學家謝林，法國哲學家孔德……這些人先後都與叔本華生活於同一時代，但是，除了歌德曾與叔本華有過一段交往（主要是通過叔本華的母親約翰娜）外，叔本華只見過席勒一面，與費希特、謝林、黑格爾敵對，同其他的名人則完全沒有關係。

也就是說，在叔本華的一生中，除了最後九年之外，他一直處在文化和學術的主流圈之外，他在這方面也是一個實實在在的局外人、邊緣人。他賴以安身立命的基礎是哲學，但絕大部分時間都默默無聞、倍受冷落。

在這方面，他自己的態度與對待社會革命、政治統治與政治活動、戰爭、人與人之間的爭鬥的態度有所不同。他不是不想進入主流文化圈，也不是不想出名；恰恰相反，他太想出名了，太想進入主流文化圈了。他一而再，再而三地作了努力，但始終被排斥在圈子之外，始終是個局外人。對此，他一直憤憤不平。

不過，我們也要注意到，叔本華在學術方面雖然不甘寂寞，不甘心做一個局外人，想打入主流圈子，但他卻是以反叛者、挑戰者的姿態出現並企圖打進主流圈子的。顯然，結果只有遭到冷落和排擠。倘若他換一種方式，以順應主流的姿態出現，結果或許會是另一種樣子。然而，他不可能那麼去做。這不僅僅是因為他以天才自居，驕傲，狂妄，更主要的是因為他絕對不可能為了得到承認、為了出名而改變自己的思想和信念，如果這樣，他自己便落入了他平生最為痛恨的世俗之中去了。

因此，又想得到承認，又想卓然獨立、不同流俗，兩者之間的矛盾就是不可避免的，這種矛盾也是不可調和的。事實上，我們知道他選擇了後者。他寧可默默無聞，忍受做局外人的寂寞孤獨，也不願趨炎附勢。

當我們讀了叔本華如下的一段話後，便會明白他的志向和追求了：

假使某人發現自己具有偉大的心智，他便該獨自尋求有關自然全體和廣大人性的問題之答案。這些是所有問題中最困難的，惟有才份很高的人才能涉入。這種人最好把他的看法延伸到每個方向，不要迷失在錯綜的支路上，也不要探涉偏僻的地區……他不必為了逃避成群的敵手而鑽入冷門的科目裡；日常生活便能作為他建構嚴肅而真實的新定理的材料。（《人生的智慧》）

認真地想來，叔本華的厭世，並不是一般意義上的厭世；他厭惡的是世俗的瑣屑、庸碌、無聊、爭鬥、殘殺、勾心鬥角。他之所以做局外人，實際上是反抗世俗的一種表現。他在內心深處是向著生活、世界與人生的痛苦、智慧、真理而敞開著的。他的遺世獨立，在某種意義上類似咱們傳統中所讚賞的「君子不偏不黨」的準則。

反抗權威

我們已經知道了，叔本華在成名之前，德國哲學界的權威是施萊馬赫、費希特、謝林和黑格爾等人。叔本華對他們的哲學思想大失所望，對他們的觀點十分不滿，同他們作對，甚至發展到敵視和謾罵。

不錯，這些都是事實。他同施萊馬赫爭論，反對施萊馬赫所主張的哲學應建立在宗教信仰之上的觀點。他批駁和挖苦過費希特，說費希特不懂得心理學，完全不配當哲學家。他不滿黑格爾哲學對理性的推崇，同黑格爾作對，故意選擇和黑格爾同一的時間講演，結果慘敗得一塌糊塗。他咒罵他們，就是在那次失敗的講演中，他一開張就說：「康德以後不久，就產生了一些詭辯家。他們用野蠻神秘的語言，使時代的思想力量疲倦。他們嚇走了哲學，使大家對哲學失掉研究的興趣。現在，一位報仇的人出現了，他有更強大的力量，他要恢復哲學的一切名譽。」他還說：「像費希特、謝林、黑格爾那些人，都應該取消哲學家的資格，像古時一樣，牟利的人，都要被扔出廟宇。」

這些話，已經說得夠刻薄的了。他甚至還有更刻薄的說法。他稱黑格爾哲學是「官方哲學」，它使整個德國知識界的心靈和大腦腐敗。他把黑格爾稱為「精神上的卡利班」（莎士比亞戲劇《暴風雨》中的醜鬼），說費希特、謝林和黑格爾是「三個著名的詭辯家」，使用的是「瞎吹牛和江湖法術」。他稱當時的柏林大學是一個「肉體上和精神上都可詛咒的土匪窩」。

對叔本華的這些做法和說法，常人大概都會看不順眼，會說他輕率、狂妄、傲慢、自不量力、過分自信等等。

一般地來看，這些對叔本華的指責彷彿沒有什麼不對。但是，如果深入瞭解一下叔本華，就會發現，他已遠遠超出了這些指責所能囊括的範圍，脫出了一般世俗的看法。

一個有所作為的思想家，必然有不同於一般的思想家和常人的地方，否則他就不可能有所作為。他必定在言行、性格、胸懷、境界，更主要的是在見解方面，有超過他人之處，才算得上是真正的思想家。正如藝術家需要有特殊的天賦一樣，沒有特殊的天賦，與常人一樣，他就不成其為藝術家了。

倘若僅僅從個人恩怨的角度來看叔本華與黑格爾等人之爭，顯然陷入了叔本華所深惡痛絕的世俗窠臼。他在《作為意志和表象的世界》第二版的〈序言〉中說過這樣的話：「我若有些想獲得當代人的喝彩，我就得刪去上二十處和他們意見全相反的地方，以及部分地他們認為刺眼的地方。但是，為了這種喝彩，只要是犧牲一個音節，我也認為是罪過。完全嚴肅地說，只有真理是我的北斗星。向著北斗星，開始我只能希求自己的贊許，而完全不理會這個從一切高尚的精神努力的觀點看來都是深自沉淪的時代，不理會那連個別例外也隨同腐化了的民族文學……我固然永遠丟不掉我的缺點、弱點，那是和我的天性必然聯繫在一起的，如同每人的缺點、弱點都是和每人的天性必然相連的一樣；但我將不用卑鄙的逢迎遷就來增加這些缺點、弱點。」

這段話讓我們無可懷疑地相信，叔本華既是嚴肅認真的，又是坦率真誠的。他作為一個局外人、一個邊緣人，不過是憑著自己對生活真理的嚮往而爭取自己的發言權而已。那個時候，他沒有名氣，沒有地位，也不需要靠當大學教授來養家糊口，因而既不擔心什麼，也不怕失去什麼。他完全是率性而為。他憤世嫉俗的天性，使他絕不能容忍苟且、諂媚和阿諛。

不僅如此。他深知，他同黑格爾們的分歧不和，最根本的是他們的哲學完全不同。他說：「我的哲學剛一出世，哲學教授（按：指黑格爾等人）們就以他們的機智和準確微妙的手腕，識出了我這哲學和他們的企圖毫無共同之處，甚至是對於他們有危險性的東西；通俗說來，就是同他們的那些貨色格格不入。」（《作為意志和表象的世界》第二版〈序言〉）於是，他們便以沉默、無視、冷漠來對待叔本華，如此來表明叔本華的哲學根本就不存在。

這大概是他們想得出來，並且能夠做到的對待叔本華的最好的方式了。如果站出來辯駁，正好說明他們很在乎，同時也相當於承認了對手的存在，豈不是自己使自己下不了台嗎。

但是，無視、冷漠並不等於真的就不存在。黑格爾們的這種態度，實際上既包含了掩耳盜鈴的味道，又表現了他們作為權威的專橫傲慢，以無聲的語言表示他們對一種新思想、新哲學壓根兒就不屑一顧，表示了他們心目中「老子天下第一」的霸道。

叔本華卻不肯屈服和寬恕，不肯忍氣吞聲、俯首稱臣。「就我而言，沒有妥協，沒有同行之誼。」他還大膽地宣稱，他的哲學的北斗星，「僅僅只是真理，赤裸裸的、無償的、孤獨無偶的、每每被迫害的真理。它不左顧，也不右盼，而是對準這座星辰直駛過去的。」（同上）在這種背景下再回過頭去看叔本華當年在柏林大學向黑格爾的當面挑戰，就絕不會覺得是一場自不量力的鬧劇，而是有如荊軻刺秦王一般氣概的悲劇。他以無名無權無地位一介小子的身份，大張旗鼓地、無所畏懼地、慷慨激昂地、光天化日地去挑戰一個名聲顯赫、地位頗高、霸氣十足的權威，並以此宣稱自己和自己哲學的存在及其價值。

在思想史上，即使具有很先鋒觀點的思想家，恐怕也很少有人像叔本華這麼膽大妄為、自不量力！

失敗是肯定的，胳膊畢竟扭不過大腿。可是，叔本華一直在不屈不撓地為證明自己思想的存在和價值而奮爭，直到垂暮之年讚譽如潮水般湧來為止。當走過這段歷程，回首往事時，他從義大利文藝復興時期的詩人彼特拉克的名言中找到了安慰。彼特拉克在《智者的真理》中說：「誰要是走了一整天，傍晚走到了，就該滿足了。」他感到自己最終也走到了，內心懷著幾分欣慰、幾分寧靜地說：「在我一生的殘年既看到了自己的影響開始發動，同時又懷著我這影響將合乎『流傳久遠和發跡遲晚成正比』這一古老規律的希望，我已心滿意足了。」（《作為意志和表象的世界》第三版序）

叔本華還從更為廣闊的背景上討論過權威、思想家和學者的區別，思考和讀書的區別等問題。

在他看來，一般所謂權威的作用，不過是有些人用來作論戰之際防身和攻擊的武器。這些仰仗權威的人，既沒有思考的能力，又缺乏批判的能力，他們就如古羅馬哲學家塞內加所說的那樣，「與其批判，不如信任」。換句話說，權威不過是那些沒有思想的庸碌之輩用來掩飾自己的貧乏，嚇唬對手的「虎皮」。他們從權威那裡「以為找到了最好的護身符，振振有辭的據之而辯，發出勝利的呼聲。」（《關於思考》）

由此看來，被庸碌之輩利用和當作工具的「權威」，實在是有點可悲；但這類權威卻以此為榮，以為有人奉承、追隨，殊不知這樣一來，他們自己也就落入了庸碌之輩的行列之中，成了跟那些奉承和追隨的人一路的貨色。

那麼，是不是沒有權威了呢？叔本華肯定了有權威，但不是那些為庸碌之輩充當「虎皮」的「權威」，而是那些「真正思索的人」：「真正思索的人，在精神王國中，等於一國的君王，具有至高無上的權威。他的判斷如同君主的聖諭，他的話就是權威——君主是不接受他人的命令，也不認識其他權威的。反之，局守於世俗流行的諸種意見的凡俗作家，像默從法律和命令的平民一樣。」（《關於思考》）好一個君王似的權威！他分明就是獨立自主審視和思索一切的智者，不隨波逐流，不俯首稱臣，不受任何勢力的左右，唯真理是鶩，一切都經過自己頭腦的審判。

但是，又有幾個人具備這樣的條件呢？大多數的「思想家」、「學者」，只是拾他人牙慧，沿襲他人的觀念，充其量作一番改頭換面的包裝，然後拿去騙人、嚇人，拿去謀取職稱、地位、金錢、名譽。叔本華最痛恨的就是這類「思想家」和「學者」，他得以驕傲、自大、狂妄的根據就在這裡：他自認為是擺脫了一切世俗偏見、世俗虛榮、世俗偽裝而似天馬行空般的獨立不羈的思想家。他看穿了一般「思想家」的把戲，並將他們揭穿，因而開罪和觸怒了他們。

叔本華認為，學者和思想家都要讀書；學者讀書時自己的頭腦成了別人思想的運動場，而思想家讀書時則以極強的精力把所有的東西同化，吸納融化進自己的思想體系之中。更重要的是，思想家絕不以讀書和經驗來代替思考。這樣，思想家和學者就顯出了質的區別：「所謂『學者』是指那些成天研究書本的人；思想家、發明家、天才以及其他人類的『恩人』，則是直接去讀『宇宙萬物』。」（《關於思考》）他還進一步認為，一個人，如果沒有個性、沒有思想，就如同動物。做動物是很容易的，做思想家卻不容易。

這些被叔本華所揭示出來的生活真理，長久以來都被名譽、地位、頭銜、職稱等等嚴嚴實實地包裹了起來。人們被那些炫目的外表所迷惑，只看外包裝，不看真貨色，盲目追隨徒有其表、沒有靈魂的「權威」、「學者」，把真相完全顛倒了。而當長久被塵封的真相一朝被揭示出來，被蒙蔽、愚弄慣了的人們竟會驚訝事情原來如此，以至不敢相信。

也許，人間世俗的悲哀正在這裡。當被顛倒了的是非黑白再被重新顛倒過來時，驚呆了的人們反而會群起而攻之，指責、抨擊那些將是非黑白重新顛倒過來的人。叔本華哲學的遭遇，對此作了最好的注釋。

在叔本華看來，思想家是可以分成兩類的。一種是專門為自己而思想，他把他們稱做「自我思想家」。「只有這類人才能認真的思考事情，所以他們才是真正的哲人，實際上，他們一生的快樂和幸福，也是在思想之中。」（《關於思考》）另一種是為他人而思想，他把他們稱為「詭辯派」。「他們渴望人家稱他們是『思想家』，他們的幸福不是在本身中，而是在他人的喜好中。換言之，他們只是熱衷於投世俗之所好。」（同上）屬於前一類的思想家有德國物理學家、哲學家里希田堡，黑格爾則屬於後一類思想家。不言而喻，叔本華自己在心目中也是把自己歸入第一類思想家之中的。

我們已經看到了，叔本華同黑格爾們的分歧，是兩種完全不同的思想和思想家之間的分歧。他反對傳統哲學形而上的經院氣息和煩瑣，反對庸俗的宗教（順便一提，叔本華出生後接受過基督教的洗禮，一八〇四年秋天，十六歲的他在家鄉但澤接受了基督教的堅信禮），把哲學全部轉向人的存在和人生的意義、價值問題的思考。我們可以不同意他的觀點，但是我們卻無法迴避他提到我們面前來的一系列根本性的人生問題。

這是他反抗權威、破壞偶像、打破舊風、憤世嫉俗的立足點，其結果是大半生時光無人理睬，處於隱居中的邊緣人狀態。他關注人生的痛苦和悲劇，也關注古往今來的大智大慧者所遭受的痛苦和悲劇。就此，他在《讀書與書籍》一文中，說了一段不無慷慨悲壯而又意味深長的話：

> 我很希望有人來寫一部悲劇性的歷史，他要在其中敘述：世界上許多國家，無不以其大文豪及大藝術家為榮，但在他們生前，卻遭到虐待；他要在其中描寫，在一切時代和所有的國家中，真和善常對著邪和惡作無窮的鬥爭；他要描寫，在任何藝術中，人類的大導師們幾乎全都遭災殉難；他要描寫，除了少數人外，他們從未被賞識和

關心，反而常受壓迫，或流離顛沛，或貧寒饑苦，而富貴榮華則為庸碌卑鄙者所享受……然而那些大導師們仍不屈不撓，繼續奮鬥，終能完成其事業，光耀史冊，永垂不朽。

為什麼會如此，的確值得我們長久地思索。美國著名作家亨德里克‧房龍一九二五年出版了一本叫做《寬容》的書，述說了人類思想發展史上對新思想的歧視和壓制，主張思想自由，讚美對異見的寬容，譴責對新思想的鎮壓。叔本華未能進入他的視野，也許在他看來，叔本華的經歷還夠不上格，或者有什麼別的原因。但是，叔本華在上述言論中所表達的希望，我們從房龍的書中，多少可以看出來。

曠世怪人

叔本華自己畢生以天才自詡，並且認為，凡是大藝術家、大詩人、大哲學家，他們的工作必須完全以天才作為基礎。

既然是天才，那就必定有大異於平凡人的地方，才能、智慧、靈性、悟性、特殊的技能等條件自然不在話下，單是個性，也同常人迥然有別。就這方面而言，叔本華的個性倒是十分突出，不僅如此，還怪異得可以，幾乎算得上是怪異得世所罕見！後世的人們，無不異口同聲地稱叔本華是一個「怪人」、「奇人」——不管是喜歡他的人，還是反感他的人，都如此。

我們可以輕而易舉地列出一大串他的「怪僻」之處：固執、暴躁、孤獨、憂鬱、神經質、多疑、厭世、悲觀、憤世嫉俗等等。不少人認為，叔本華的怪僻，是由於他在著述生涯中一再受挫失望，以及長期離群索居而產生的變態；這種說法雖有一定道理，卻並不充分。

按照叔本華自己的觀點，天才的性格是由父親遺傳的。我們雖然不必把這個觀點看作是具有普遍的適用性，但將它用到叔本華自己身上倒是十分合適的。

他的父親海因里希性情固執、暴躁，這在叔本華身上有著充分的表現。海因里希一生崇尚自由獨立，這也在始終堅持獨立不羈、執著追求他心目中的真理當中表現得很充分。

與獨立不羈密切相關的是孤獨。叔本華長期離群索居，不與常人往來，在自己孤獨的世界裡孤芳自賞。在他的一生當中，幾乎沒有什麼親密朋友，因為他相信，「不能向敵人說的話，也不能向朋友說」。這等於告訴人們，人生在世就是孤獨，誰也不會有朋友。

他成年之後直到去世，無父無母，無妻無子，無朋無家，只有一隻狗和一個僕人。他長期住在英國人住宅區，這顯然受了他父親的影響，因為海因里希很欣賞英國的政治和家庭制度，就連自己家庭的佈置和傢俱等都仿照英國風格。叔本華從小耳濡目染，對英國情有獨鍾，後來他在文章中稱英國人是「歐洲國家中最敏慧、最伶俐的」。（見〈關於噪音〉）

他的孤獨肯定也與他自視甚高、鄙視芸芸庸人的思想傾向有關，他連黑格爾等人都瞧不起，遑論一般的凡夫俗子？他根本不屑於同他們為伍，寧可孤零零一個人。

叔本華顯然也有些神經質。據說，他的祖母和一個叔父都患有癲瘋，而他父親落水身亡後，有一種說法便是說海因里希精神已經失常。倘若這些說法確實的話，叔本華的神經質便同遺傳有關係了。他母親約翰娜曾寫信對他談到過無法容忍他的神經質：「我可以告訴一些事情，使你的頭髮都要豎起來，但我還是忍著，因為我知道你，無論在什麼情形之下，你都喜歡默想人生的淒慘。」

悲觀更是他的天性。他的哲學一再強調生命的悲劇性，認為哲學的目的就是為了解脫人生的痛苦。

他也焦慮多疑。從小時候起，他就具有一種極深的不安感覺，有一種莫名其妙的焦慮，遇上一些小事也會感到驚恐。成年之後，他時常受到恐懼和邪惡的幻想的困擾。由於害怕盜賊搶匪，他不時搬家。在柏林失意的時候，他害怕遭人暗殺，睡覺時身邊放著上了子彈的手槍，就連理髮匠用剃刀給他理髮他也不放心。一聽到傳染病的傳言，他就嚇得飛奔，以至於在公共場合宴飲的時候，他隨身總是帶著一個皮製的杯子，以免被傳染。他還把票據藏在舊信中間，把金子藏在墨水瓶下面。此外，他的尖刻和不寬容也是出了名的。

最有意思的是，他不能忍受噪音，為此，他專門寫過一篇文章〈關於噪音〉。他在文章中說：「活力的過剩，而採取敲打、錘擊、摔翻東西等形式，都是我這一生當中每天必得要忍受的折磨。」他要「控訴」噪音，認為它們會中斷、擾亂、破壞偉大的精神，奪取人生一切的安靜和思慮。他還說：「馬鞭鳴聲的被允許，足證人類的愚鈍和無思想。」他指責自己的同胞德國人，說德國人是「最喧囂的國民」，他們無所事事，麻木不仁，想方設法製造噪音，甚至用不必要的噪音來進行發洩。

對噪音的痛恨，曾使叔本華付出了相當的代價。一八二一年八月，叔本華還在柏林，有一天回到家裡，他發現四十七歲的鄰居女裁縫瑪露克杜和她的兩個女伴在他房前的公用客廳談天。叔本華見狀後滿心的不痛快，先是勸她們出去，女伴走了，唯有女裁縫不走，再勸還是不走。叔本華把女裁縫拖出去，把她的東西扔出房外，兩人惡言相罵。後來，叔本華氣得將女裁縫從樓上推到樓下，使她右臂受了重傷，從此失去了謀生的能力。女裁縫向法院提起了訴訟。一八二六年五月，這場長達五年的訴訟以叔本華敗訴而告終，他被處以三百塔拉的罰款，外加每年六十塔拉維持女裁縫生活的年金，同時判他供養女裁縫一生。叔本華對此事一直耿耿於懷，直到二十年後女裁縫去世，他才在日記中寫下了「老婦死，重負釋」，以表達內心解放後的喜悅。

有時候，他會獨自一人對著花木出神，甚至會自言自語地說：「這一些奇形怪狀的樹木，給我什麼啟示呢？這些花葉所表現的內部主觀存在和意志，又是什麼呢？」有時竟不知不覺地手舞足蹈起來，在一旁的人都以為他是瘋子。

那麼，叔本華這個自命不凡的天才，莫非就沒有意識到這些在常人看來是「怪癖」的地方？他確實意識到了，並且非常明確地意識到了。他把這一切全部歸之於天才之所以異於一般凡夫俗子的「特徵」。

叔本華曾殫精竭慮地從生理學、遺傳學方面論證了天才在生理和遺傳方面的特徵，由此自然會使人想到，天才的生理和遺傳特徵，必定會表現在外表相貌之上。他堅信這一點，並且也相信「相術」，為此寫過觀相術的文章。他認為，「容貌是我們欲說而未說出的一切話語的摘要，是我們的思考和企圖的組合文字。還有，嘴巴僅能說出某一個人的思想，而容貌卻能表現人類的自然思想。」（《觀相論》）他還列舉了觀相的要求，諸如要不熟的面孔，要憑第一印象，這樣才能客觀；要在一個人獨處的狀態下觀察，才能深刻地瞭解他的真正面貌。他認為，個性的形成是長期的，因而，「聰明睿智的臉孔，也是經過長年的歲月累積而來的」。

他一再強調，造物在一般人的臉上都寫下了「平凡」二字，而天才的智慧則明顯地從身體的各個部位表現出來，比如臉部的形狀，前額的大小，臉部諸器官的緊張和運動，尤其是眼睛，「最上等的是天才的眼睛，炯炯有神」。「明敏的英才，他的所有關節簡直像會講話的嘴巴。」（《觀相論》）不過，他也強調，面相只顯示智慧，同智慧相聯繫，而與道德無關。一個人在道德上的好壞，除了他獨處沉迷於自我時，是可以在面相上掩飾起來的，可以通過面相來欺騙他人的。

既然如此，也讓我們看看叔本華這個天才的面相吧：

腦袋碩大，前額寬廣，湛藍的雙眼射出奕奕神采，常令觀者注目。坐著時有點像音樂大師貝多芬，兩人都擁有方正的大頭。兩眼間的距離特別寬，無法佩戴普通眼鏡。身高中等，體形方正，筋肉發達，兩肩寬闊，脖子粗短，鼻樑高直。美麗濃密的捲髮，紛披在肩上和額前，嘴唇上覆蓋著美好的髫鬚。

這幅容貌的確不同尋常，在諸多方面都符合叔本華所描述的天才必備的相貌和生理條件。

至於性情，天才更是大大有別於凡夫俗子。叔本華首先挑出的天才的個性特點，便是憂鬱。他援引亞里斯多德、西塞羅和歌德等名人的說法來說明：大凡天才，性情都是憂鬱的。他對此的解釋則是：「那是因為智慧之燈愈明亮，愈能看透『生存意志』的原形，那時才瞭解我們竟是這一副可憐相，而興起悲哀之念」。（《論天才》）因此，天才被看作是悲哀的象徵，而他們的快活則是由精神最完全地客觀化所產生的，所以他們是「悲中有樂，喜中有悲」。

天才在凡俗事務上顯得很笨拙。這是因為天才「對其他事情都漫不經心地應付，他的認真不是有關個己或實際的事物，而是埋首於世界和事物的真相，研究它的最初真理，或者苦苦思索以何種方法使它再現」。（同上）由於這種「不為自身打算的精神」，天才在實際生活中多半生活困頓，一生潦倒落魄，給自己帶來不利。但是，叔本華特意指出，任何偉人都有為自己打算的時候，有當小人的時候，正如「任何英雄，在他的侍從看來，也有表現並非英雄本色的時候，如果你以為那些侍從沒有評價英雄的能力，那就大錯特錯了」。

人們常常把天才和瘋狂等同起來，叔本華對這個特點的解釋是，這是由於天才特有的「意志和智慧的分離」。天才具有強烈衝動和激烈的性格，有強烈的意志；但是，天才的智慧異常充盈，異常剩餘，取得絕對的優勢，因而得以從意志中分離。「這時候的智慧，已忘卻自己的本源，靠著自己的判斷力、認識力、自由自在的活動，而造成天才的創作。」（《論天才》）因此，天才就是「智慧的自由活動」，由此造成的結果可能是：他們或者經常為了些許小事而發生令人不解的情緒衝動；在平凡人覺得心平氣和的事件，竟會使他們陷入悲哀、雀躍、憂慮、恐怖、憤怒之中；他們缺乏冷靜，感受性太強，而冷靜的人是成不了天才的。這樣，天才經常表現出情緒過度緊張、激烈的衝動和強烈憂鬱中易變的脾氣。所有這一切，都會被一般人看成是「瘋狂」。

天才也是孤獨的。「因為天才原本就是極少數，所以不容易遇到知己，和常人相處也顯得格格不入。」（《論天才》）常人受意志支配，成為道德生物；天才則擁有「純粹智慧」，能完全脫離意志的束縛而優越於常人。所以，「天才不適於和凡人共同思考，也就是說不適於和他人交談。一如天才的不喜歡常人，凡人也不歡迎天才者的優越性。」如此一來，芸芸眾生之中，天才到哪裡去尋找知音，去和誰交談？叔本華對此的回答是：「通常天才只有通過書本與古人神交。」

看了叔本華為天才的相貌和個性所開列的清單，我們不難發現，它們差不多全都可以從他本人身上找到。也許人們會對此產生疑慮，認為這張清單不過是叔本華開列出來以便證明他自己是個天才而已。

不錯，叔本華從來都不加掩飾地認為自己是天才，我們也很難否認他為自己尋找的天才根據。但是，如果認真想一下，他所尋找到的各種根據，無論我們是否同意他的解釋，都會發現：它們遠遠超出了他個人的範圍，古往今來的天才和偉大人物，全都或多或少符合他所提出的條件，或多或少具有他所列出的那些個「怪僻」——瘋狂、衝動、敏感、憂鬱、悲觀、孤獨、焦慮等等。

從這個方面來看，我們就不能說叔本華完全是在為自己辯解，不能說他是在自吹自擂。他本人是個曠世怪人，處處顯得與眾不同；而其他人，凡是有所作為的天才，無論古今中外，莫不如此。

實際上，叔本華是從全人類，從整個人類思想發展的歷程中來探討天才與眾不同的特徵的，正如他在《論天才》中所說：天才的一生「並不幸福，不，應該說是坎坷落魄。這在大多數偉人傳記中都可以找到佐證。並且，不論天才的行為或工作，大都和時代相矛盾，甚或和時代相抗爭，因此，為外界環境所不容……他又像瀕死的大將，孤注一擲地把自己的隨身武器投向敵陣中一樣，把自己的作品投向遙遠的將來，時代就循此路徑緩緩前進……總之，世間充滿了平凡、庸俗。天才的作品能被同時代的人所欣賞的，其例絕少，大都要等到後世才被發現和承認」。

這不只是叔本華一個人的命運，也是所有天才及其作品的命運。甚至可以說，天才永遠擺脫不了坎坷落魄的命運；如果不是這樣的話，便算不上天才了。

蓋棺難定的多重人格

叔本華身後最遭人垢病和攻擊的地方，便是他的思想和行為之間的不一致。有人說：「假若我們可以根據叔本華的生活來判斷，可知他的論調也是不真誠的。」（羅素《西方哲學史》下卷）有人說，他的思想是否定「生命意志」的，而他的行為卻是肯定「生命意志」的。有人說他是一個口是心非、十足虛偽的「偽君子」。還有人說，這是他妄想狂的典型症狀，是他虛偽性的集中表現。

是的，我們完全不必替這位自稱為天才的哲人遮掩，他的的確確在思想上與行動上表現出明顯的不一致性，表現出明顯的不平衡。承認這一事實是一回事，如何來看待和評價這一事實又是另一回事。

我們不必太費力，便可見出叔本華有很多思想和行動不一致的地方。最典型的，就是叔本華對待女人的態度。他在理論上十分厭惡女性（這令我們想起中國的聖人孔子也說過「唯女子與小人為難養也」這樣的話），在文章中把女人罵得體無完膚，一無是處。他還指斥性慾是萬惡之源，如要超脫，就應該自動禁絕。

可是他在理論上罵歸罵，在實際當中還是要接近女色。據說，他一生中和好幾個女人談過戀愛，其中不光是逢場作戲，也想到過結婚。但他想結婚的念頭並不怎麼強烈，甚至怕結婚，擔心家庭拖累了他，成不了大事業，所以他至死都是孤身一人。當叔本華去世之後，人們發現了很多他自己寫的傳記稿子，其中有一些是記載男女間性愛私情的。這些稿子不是用德語寫的，而是用極為流暢生動的英語寫的。但這些文稿被處理叔本華遺產的人燒掉了，據說是處理他遺產的人認為這類稿子不宜出版，並且稱叔本華在口頭遺言中要求這樣處理。

叔本華曾經同一個女演員有過一段如癡如狂的戀愛和同居經歷。那是在一八一三年十一月叔本華完成了博士論文後回到魏瑪，到一八一四年五月離開魏瑪，差不多半年的時間。那個使他瘋狂的女人當時是宮廷劇院最有名的女演員，據說名叫卡洛琳・葉格曼，長得嬌小白皙，曾經是魏瑪公爵的情婦。叔本華認識她的時候，公爵已經去世。後來叔本華果斷地斬斷了這縷情絲，再也沒有回過魏瑪，只是臨死前給她留下了一筆年金。

叔本華要求人們樂於自苦，安貧樂道，用清苦的生活來陶冶性情，抑制意志，而他自己卻過著優裕舒適的生活，喜歡錦衣玉食，外出到處遊玩。他喜歡喝酒，而且要喝好酒；極其喜歡美味佳餚，時常到上等餐館就餐；喜歡享受行雲流水般的輕鬆旅行生活，尤其喜歡去義大利遊覽風景名勝和古跡；喜歡去美術館，可以在一幅畫面前一坐就是幾個小時；喜歡晚上去劇院消遣，還說「不進劇院，就像穿了衣服後不在鏡子裡面照照自己一樣」；喜歡賞花，時常在德勒斯登的養花室中流連忘返……

他勸人無私行善，散財濟世，但是卻把自己的財產看管得很嚴。他父親留給他的二萬塔拉遺產，到他去世時竟增加了一倍。他把票據藏在舊信中間，把金子藏在墨水瓶底下。他認為對他的財富和遺產要小心謹慎地處理，把它們留給「一位有高尚能力的主人」，即天才，而不能給「一般為『糊口而生』」的人。

他一向自視甚高，瞧不起凡夫俗子，生怕被他們的「惡德」所玷污。他也瞧不起一般的學者，認為他們純粹只是為了牟利，為了迎合世俗的要求，而不是為學術而學術。但是，當他受到冷遇，內心感到寂寞和痛苦時，又不免大發牢騷，一面還自我安慰：「這種遺忘，證明我不配我的時代，或者我的時代不配我。在這兩種情形之下，我只能說，剩下的只有緘默……我不想加入現代哲學的爭辯，正如我不想加入『群眾鬥毆的參觀行列』一般。」

他認為人除非無企無求，否則就不會有快樂和幸福，但當晚年榮譽和鮮花向他湧來之時，他喜不自勝，熱切閱讀所有與他有關的文章，甚至不借花錢雇人搜求有關他的名聲的證據。

他認為生命是不值得珍惜的，要求人們對死亡泰然處之，而他自己卻謹小慎微，注重保養和安全，貪生怕死，以至於睡覺時枕邊放著手槍，不肯讓人拿剃刀為他剃頭，得知霍亂襲來便溜之大吉，到公共場合宴飲時隨身帶著自己的皮杯子……

不僅如此。他自己的行為舉止本身，也充滿著矛盾。

他雖然喜歡吃，喜歡穿，喜歡遊玩，但他的房間佈置卻十分簡樸，除了幾件必需的傢俱外，書桌上只有一尊佛像和康德的半身像。

他是德國人，但在心理習慣和生活方式上遠離自己的祖國，輕視德國和德國人，認為德國文化不如法國文化深厚，德國人不如英國人。他尊重外國思想家，尤其喜歡東方的印度哲學。他每天都讀英國倫敦的《泰晤士報》，卻從來不看德國報紙。

他敬重歌德，為歌德的才華和風姿所吸引，但又批評歌德是「自尊自大的人」，指責歌德的宮廷生活，說他把寶貴的時間和精力消耗在了無意義的消遣之上，說歌德如果能過比較寂寞的學者生活，他的思想一定更加深沉廣闊。

他主張超脫，有時的確很超脫，有時又很留戀塵世的美好；他的心靈和智慧是第一流的，有時卻對一些微不足道的瑣碎事物斤斤計較。

不僅如此。他的哲學思想也充滿著讓人迷惑的色彩。

在叔本華的著作中，隨處可以挑出邏輯混亂，思維不清晰，論證不明確的地方。我們可以發現，他沒有把動物的直觀和人的直觀、理性認識和哲學思維之間的區別講清楚。他對禁慾致死、自殺致死和其它形式的死亡對生命意志的不同意義的闡釋，顯得十分牽強，而它們之間應當是涇渭分明的。有時他說意志是決定性的，不可能改變它；有時又說可以通過禁慾否定意志，天才的智慧可以超出意志。他一方面認為只有少數人才能成為聖人，聖人的寂滅能導致對求生意志的否定；另一方面又認為個體的死亡不會妨礙種族的延續和意志的永恆……

所有這些矛盾之處——思想與行動的矛盾，行動本身的矛盾，思想本身的矛盾，在叔本華那裡都是實實在在的，無法迴避和掩飾的。然而，難道它們就能完全否定叔本華思想的重要性嗎？難道它們就可以說明他的思想毫無價值嗎？難道它們就能抹殺他對人生重大而迫切的問題的關注嗎？

如果一定要以十全十美的標準去強行衡量一個人，恐怕很少有人——不管他有多麼偉大——能經得起這種標準的衡量。思想史上充滿著矛盾的思想家太多了，言行不一致的人也不少。這本來就很正常，一點也不足為奇。中國的孔子算是大聖人了，他所主張的「有教無類」貫徹到底了嗎？叔本華所景仰的歌德，不也有不少毛病嗎？

至少我們可以從兩個方面來看這種不一致的現象：一是應當承認思想家與他的著作是兩回事；他在現實生活中可能是個軟弱者，是個侏儒、懦夫，甚至可能也很卑鄙，但他在著述中卻可能表現出思想的閃光和偉大。再說，思想家本身就是一個探索者，他在探索的過程中完全可能出現失誤、迷路、反覆、倒退，矛盾自然就不可避免。

其次是人性本身就是複雜的，充滿著矛盾的，大多數人都具有多重人格，多副面孔，完全單一透明的人是找不到的，即使找得到，肯定也是機械的，乏味的。就內心充滿各種智慧、創造力、情感衝動、靈感的思想家而言，他的人格比一般人更要複雜得多，否則他就難以成為思想家了。

這一切應當是極為正常的，絲毫不奇怪。而且，如果我們再走得離叔本華更近、更近一些，便會發現人們對他的指責和攻擊，多少有一些不公平。有時候人們抓住這一點，卻不管其它；有時候連他自己也意識到了矛盾，並且作了分析，人們卻避而不提。更重要的是，我們發現，叔本華在大多數時候都是認真的，真誠的，尤其是在表達他的思想的時候。你可以指出其中的邏輯混亂，可以反駁他的觀點，但卻很難否認他的認真和真誠。

當我們讀到他如下這段話時，該作何感想？

人類每一種完美，都與一種本身勢將形成的缺點聯在一起；但是，如果我們說每一缺點都與某種完美聯在一起，也是對的。因此，我們時常發現，如果我們對某人發生誤解，那是因為當我們開始認識他時，把他的缺點和與這些缺點聯在一起的完美混在一起。我們似乎覺得謹慎小心的人是懦夫；節儉的人是守財奴；浪費者是慷慨大方；粗魯者是直爽誠懇；而魯莽者是帶著非常自信而工作的人；還有許多類似的例子。

（《人性》）

叔本華鼓吹天才論，自己也自認為天才，看不起平庸的凡夫俗子，認為天才遠遠高出於其他人；但是，他並沒有把天才看作是毫無缺陷的完人，而是充分認識到了人性的複雜性和人格的多重性。他說過：「任何人都不應說大話。正如每個人，甚至最偉大的天才，在某一知識範圍內，都有其非常確定的限度，因而與本質上邪惡愚笨的人類大眾本源相同。同樣，每個人，在本性上，也都是某種絕對邪惡的一面。即使最好的性格，不，即使最高尚的性格，有時候，也會因隔離的墮落腐敗的特性而使我們感到吃驚；好像它和人類是密切相關似的。」（《人性》）既然如此，我們有什麼理由對叔本華橫挑鼻子豎挑眼兒呢？

他還告訴我們，每個人的內心都藏著一隻野獸，只要機會合適，就會咆哮狂怒，把痛苦加在別人身上。人性中最壞的特點，就是對別人的不幸遭遇幸災樂禍。

他認為，人生的幸福在於「愉悅健全的精神」，能夠促進愉快心情的，不是財富，而是健康，健康時常表現在勞動階級身上，富有階層的人士則時常愁容滿面。幸福的敵人是痛苦和厭倦。他奉勸人們增長自己的心靈財富，心靈充實了，才會避免痛苦和厭倦，對外界的需求就越少，這便是最大的幸福。

他把人生的快樂分成三類。一類是滿足「生命力」而得來的快樂，如飲食、消化、休息和睡眠，這是人人都需要的基本快樂；一類是滿足「體力」得來的快樂，如散步、跑步、舞蹈、擊劍、騎馬等；一類是滿足「怡情」得來的快樂，如觀察、思考、閱讀、沉思、發明、音樂、哲學等。只有「怡情的快樂」是人所獨有的，與精神有關的，給人的快樂最大。

當我們瞭解了叔本華的這些觀點之後，再回過頭來看他的行為，可能就會少一些責怪，多一些理解。通過飲食和旅遊來增進自己的健康，既可以保持心情的愉悅，也是熱愛生命的表現。一個關注人生問題的哲學家，倘若自己就不熱愛生命，缺乏生命的活力和生活的樂趣，還談什麼人生哲學呢？

他要求人們戒除淫慾和貪慾，他自己不是很快便斬斷了情絲，以康德為偶像和榜樣，終身不娶嗎！我們大概沒有聽說過他去逛妓院或其它風流韻事一類的傳聞吧。他把自己的財產看守得很嚴，而那是他父親留給他的，他要憑它來維持生計，因而小心翼翼，又有什麼不對呢？據說，有不少窮困的朋友、鄰居找他幫忙，他從未拒絕過。他還提倡「愛護動物」，也可以看作是當代「綠色和平」運動的先驅。

更為重要的，也是我們最應關心的，是作為思想家的叔本華，在哲學上為我們貢獻了什麼。我們還是讓大名鼎鼎的尼采來回答這個問題吧。他說：「你想知道叔本華對我的幫助嗎？我只有這樣回答你：他讓我有勇氣和自由面對人生，因為我的腳發現了結實的地盤。」（《致友人托伊生》）叔本華的哲學集中討論了世界的本質、世界對人的意義、人生的價值、生與死、意志與智慧、幸福與痛苦、愛情與婚姻等等同我們的存在密切相關的問題。他沒有高高在上、盛氣凌人、擺出不可一世的「權威」的架勢，而是平易、切實地同我們侃侃而談，沒有學究氣，沒有酸腐氣，沒有虛張聲勢、拉大旗作虎皮。你可以不同意他，但他讓你沉思，讓你直接面對每個活人都必須解答的人生之謎，讓你感受到他那悲天憫人的情懷。

他沒有把這個世界說成是完美無缺的，但是認為它只有對人才有意義。他把人生看成是痛苦的和悲劇性的，但卻努力尋求解脫的辦法。他把愛和死看成是人的生命活動的必然表現，提倡過一種健康、充實、快樂的生活。他把美德建立在無私的基礎之上，主張擺脫狹隘的私慾和短見的束縛。他反對把痛苦加在別人身上的惡的衝動，主張以寬大博愛之心對人對物……

一個人在有限的生命中把自己的智慧全部融鑄在著述之中，讓它去啟迪和照亮千千萬萬塵世中的人。這對他來說，便是全部的慰藉，他存在的價值便得到了最大的體現。這就足夠了。

對一個思想家，要想蓋棺論定，並非一件輕而易舉的事情，事實上，也沒有誰能夠來蓋棺論定。更何況，像叔本華這樣一個思想深刻而豐富、個性鮮明突出而又複雜、人格中充滿著矛盾和多重性的思想家，當我們面對他時常常會顧此失彼。再說，進入到思想史中的思想，在不同時代，對於不同的人，會呈現出不同的意義和價值來；越是豐富複雜的思想，它所呈現的意義和價值也越是豐富和複雜，我們從中讀解出的內容也同樣異彩紛呈，確乎難以蓋棺論定啊！

斯人已去，唯其留下的人生哲理讓我們沉思不已。

第三章：意志哲學

面對人生的求索

哲學歷來被看成「愛智慧」之學，是人類智慧最高和最集中的體現。那麼，智慧面臨的對象是什麼？換句話說，哲學的對象和任務是什麼？可以說，哲學的歷史，幾乎和人類的歷史一樣古老和悠久，因為人們不僅要在物質層面上生存，用自己的智慧去解決生存中的物質問題，即我們常說的認識世界、征服世界和改造世界；人們也要追問物質、世界的本質是什麼，它們同人之間的關係是什麼，對人有什麼樣的意義和價值；更進一步，人們還要追問人自己是什麼，人生的意義和價值是什麼，人的肉體和心靈有著怎樣的關係等等。

一般的人們，自覺或不自覺地用自己的方式來解答這些問題，而哲學家則有意識地、集中自己全部的智慧來解答這些問題。不同時代的哲學家，對哲學對象和任務的理解很不相同，他們各自有各自關注的重心和焦點，各自有各自的理想和追求。他們從各個角度，各個方面所提出和解答的問題，便構成了人類智慧和思想發展的絢麗長廊。

在西方思想發展的歷程中，我們可以發現，人們最早感興趣的問題主要是物質世界的構成和本質是什麼，各種學說差不多都是圍繞著這個中心問題展開的。這種情況，同人類早期面臨的認識自然、征服自然的迫切問題密切相關，因此，那時的哲學經常同科學融合在一起，哲學所要解決的問題，經常也是各種自然科學所要解決的問題。

後來，人們逐漸注意到另一個重要的方面——人本身。哲學家們開始關注人同世界的關係，追尋人與世界產生的最初根源和最終的結局，以及人在此生此世應當怎樣度過。在這個時期中，哲學同宗教結合在一起，共同為人們的信仰和行為規範構築支撐的體系。

到了近代，哲學家們的注意力又轉向了人類認識世界的可能性和如何認識世界的問題，追問知識的來源，自然科學開始從哲學中分離出去，哲學變成了超越科學的「科學」。

我們從這個發展當中看到，從本體論到宗教哲學，再到認識論，儘管都或多或少與人有關，但是，從來就沒有把人的存在、人存在的意義和價值這類人生重大而迫切的問題置於中心地位，不去回答人為什麼活著，活著的意義是什麼，世界對人有怎樣的意義，生活中為什麼有那麼多痛苦、悲劇、煩惱、恐懼、苦難、爭鬥、暴力，為什麼人性中有那麼多醜惡的東西，同時又是那麼複雜難測。總而言之，近代以前的哲學，大體上是只見物和神，不見人的哲學，人們的注意力放在了人的問題之外的問題上。

一種哲學，如果忽視了人的存在，不能解答人生問題，對我們來說，又有什麼價值呢？科學可以為我們提供認識自然和改造自然的方法、工具，以追求客觀規律和真理為己任，以可操作性為手段。但是，科學無法解決意義問題，無法解決價值問題，而意義和價值恰恰是不可操作、不可控制的，更重要的是它們總是與人的存在、人的心靈聯繫在一起的。離開了人，價值和意義問題就無從談起；離開了人的哲學，也如同失去了靈魂的軀殼。

西方哲學從見物不見人向以人的問題為中心的人學的轉變，是從十八、十九世紀開始的。這個轉變，稱得上是人類思想史上的一個根本性變革。它讓我們思索著的心靈從外界轉向自身，從天上下到我們存在的現實中。

這場轉變是逐漸發生的，由最初的小波小瀾直到演變成波瀾壯闊的景象。叔本華的哲學，正好處在這個轉折之上。

我們可以看到，傳統哲學在十九世紀從本體論、認識論向人學的轉變，同時向著兩個方向發展：一是從費爾巴哈通過對宗教異化的批判從而把哲學人學當作「普遍的科學」、把人學建立在抽象直觀的基礎之上，到馬克思創立歷史唯物主義的人學理論，哲學人學沿著宏觀社會學的方向，著重揭示社會的人的實踐本性；另一個是沿著叔本華、尼采所開闢的微觀心理學方向發展，著重揭示個體的人的非理性本性。尼采曾經熱情洋溢地稱讚叔本華的哲學「是一種個人的哲學，從獨立的個人開始，就其稟性著手，使個人對於他自己的一切不幸、需要和限制有一番深刻的認識，並且追尋出撫慰它們的補救方法來」。(《作為教育家的叔本華》)尼采還認為，「每一種偉大的哲學所應當說的話是：『這就是人生之畫的全景，從這裡來尋求你自己的生命的意義吧。』」自然產生哲學家和藝術家的用意就是「要給人類的生存一種解釋和意義」。(同上)

尼采的這些看法，算是說到了哲學問題的核心。這既是叔本華的看法，是叔本華哲學的出發點，也是尼采對哲學核心問題的理解，因為，在叔本華之後的哲學家中，最懂得叔本華的，莫過於尼采了。

學者、科學家可以學富五車，可以為我們揭示物質世界的奧秘，但他們完全可能解答不了人生意義的問題，他們的靈魂完全可能是一片黑暗。探索物質世界的奧秘代替不了對人生意義和價值的尋求，學問、知識不等於智慧。多少年來，人們把目光投向世界、宇宙、神祇、物質，恰恰不注意人自己的存在，不關注個體對生命存在的體驗，哲學陷入了迷途之中。現在，它返回來了，返回到了人的存在這個根本的出發點。

在叔本華生活的時代，他的名字是與歌德、拜倫、瓦格納、克爾凱郭爾、杜思妥也夫斯基等人聯繫在一起的。對於在他之後的尼采、馬赫主義、柏格森、實用主義、生命哲學、佛洛伊德的精神分析學說、薩特等人的存在主義哲學來說，他在很多方面都是開先河者：他向理性主義的挑戰和對非理性因素的重視、強調，他的意志理論和生存意志論，他的悲觀主義，他對煩瑣晦澀的論證方式的反感和慣用的平易近人、清新活潑、激發想像力的文風，都直接或間接地對近現代西方哲學產生了巨大影響。

叔本華作為西方現代人生哲學的創始者，率先把哲學的立足點轉到了人的個體存在之上。但是，他的全部哲學思想並非憑空產生的，他必定有所依憑。也就是說，他要在過往的思想資源中進行選擇，從中去發現自己前進的方向。這是人類思想發展的一條基本規律。

那麼，叔本華到底憑藉了哪些過往的思想資源呢？

首先是德國哲學大師康德的學說。叔本華一生敬重康德，這是眾所周知的；康德的哲學也是他的哲學的出發點和基石之一。叔本華在一八一八年八月為《作為意志和表象的世界》一書初版所作的〈序言〉中，稱康德的主要著作是「兩千年來出現於哲學上最重要的和我們又如此相近的」，並說他的著作是「以熟悉康德哲學為前提」，「康德的哲學對於我這裡要講述的簡直是唯一要假定為必須徹底加以理解的哲學」。一八四四年二月，叔本華在該書第二版的〈序言〉中再次肯定了康德的重要性：「康德的哲學，只要是掌握了它，就會在每個人頭腦中產生一種根本的變化，一種如此重大的變化，真可當作一種精神的再生看待。只有康德哲學才能夠真正排除掉頭腦中那天生的、從智力的原始規定而來的實在主義……誰要是沒有掌握康德哲學，那麼，不管他在別的方面讀了些什麼，他總是好像在天真狀態中似的，即總是拘囿於那自然而然的、幼稚的實在論中……因此，誰要是嚮往哲學，就得親自到原著那肅穆的聖地去找永垂不朽的大師。」

如此看來，在叔本華的心目中，康德算得上是到他那個時候為止歐洲哲學的集大成者。毫無疑問，康德的確是西方近現代思想史上最重要的哲學家之一。他的哲學研究的對象不是客觀存在，而是主觀意識，是人對現實世界的認識功能和實踐功能。他力圖調和尖銳對立的理性主義和經驗主義，結果不但沒有實現這個目標，反而給後世留下了一連串值得深究的矛盾和問題。康德在《實踐理性批判》中所提出的「意志自由」的公式（即意志為自身立法），便已經為叔本華的唯意志論哲學提供了一個起點。叔本華從這個起點出發，構築了從德國古典哲學中的理性主義向現代非理性主義過渡的最後一個環節。

叔本華取消了康德哲學中的「自在之物」，代之以「意志」，用意志來說明世界和人的本質，把世界歸結為生命意志的客體化，並進一步把生命意志歸結為無目的的衝動和掙扎。於是，意志就脫離了目的，完全喪失了理性的性質。所以，叔本華一方面繼承了康德哲學的某些重要理論，另一方面又展開了康德哲學，即我們不能從傳統的知識論和形而上學來理解「物自體」，而必須從生命內在的因素來進行理解。

叔本華也深受古希臘哲學家柏拉圖的影響，從柏拉圖哲學的「理念」論和「洞穴」說中尋求他的意志哲學的思想資源。對此，他是直言不諱的。他在《作為意志和表象的世界》初版〈序言〉中明確地說，除了康德哲學之外，「如果讀者還在神明的柏拉圖學院中留連過，那麼，他就有了更好的準備，更有接受能力來傾聽我的了」。

他把柏拉圖的理念引入他的意志哲學體系，用以說明「意志客體化」的級別「正就是柏拉圖的那些理念」，「理念只是自在之物的直接的，因而也是恰如其分的客體性」。（《作為意志和表象的世界》）從柏拉圖的理念說出發，他批評了康德，說康德的缺點正是沒有明確規定自在之物不是客體，而柏拉圖的理念必然是客體，這就是理念和自在之物的不同之處。這樣，叔本華的哲學中便保留了理性色彩很濃的理念說，而沒有把唯心的主觀論和非理性主義貫徹到底。

叔本華的哲學還融合著印度哲學的成分。可以說，如果沒有印度哲學，也就沒有叔本華的哲學；印度哲學在叔本華哲學中的重要性，絕不亞於康德哲學和柏拉圖哲學——尤其是考慮到叔本華哲學的終點走向了「世界是無」，人生的幸福之道在於以智慧克服意志，用哲學、藝術、宗教來淨化意志，最後臻於佛教的「涅槃」境界，這種重要性就更不容忽視。

叔本華自己也坦率地承認了印度哲學的重要性。他認為，印度最古老的梵文文獻《吠陀》和古印度宗教哲學典籍《奧義書》在他的時代依然佔有超越以前時代的優勢，甚至認為它們的影響的深刻性並不亞於十五世紀的文藝復興。「讀者如已接受了遠古印度智慧的洗禮，並已消化了這種智慧；那麼，他也就有了最最好的準備來傾聽我要對他講述的東西了……在那兒已經可以找到我這裡的思想」。（《作為意志和表象的世界》第一版序）除了

「世界是無」的觀點源於印度哲學之外，叔本華還引用吠檀多哲學中「物質沒有獨立於心的知覺以外的本質」這一觀點，來證明他的「世界是我的表象」這一思想；引用「摩耶之幕」（意為遮蓋真實世界的帷幕）這一術語，來說明人生的虛幻和痛苦。

但是，我們也必須看到，叔本華對印度哲學的瞭解，遠沒有他對屬於自己同一個文化圈中的柏拉圖、康德等人的瞭解深透，他畢竟同東方文化隔了厚厚一層帷幕——儘管他十分喜愛和重視這種文化。例如，在他的悲觀主義中，並沒有將解脫生命痛苦最重要的一條途徑——涅槃完全解釋清楚，這也是他的哲學的一個大的缺點。

除了康德哲學、柏拉圖哲學和印度哲學外，叔本華還吸取了英國主觀唯心主義者貝克萊大主教的「存在就是被感知」的觀點，用它來說明「世界是我的表象」這一思想。他說，「世界即是表象」，「這個真理決不新穎。它已包含在笛卡爾所從出發的懷疑論觀點中。不過，貝克萊是斷然把它說出來的第一人；儘管他那哲學的其餘部分站不住腳，在這一點上，他卻為哲學作出了不朽的貢獻」。他還批評康德說，「康德首先一個缺點就是對這一命題的忽略」。（《作為意志和表象的世界》）

至此，我們可以明白了，叔本華的哲學把人的存在和人生的意義作為哲學的首要任務，從康德哲學、柏拉圖哲學、印度古代哲學和貝克萊的哲學中尋求思想資源，創立了獨具特色的意志哲學。這一哲學將唯意志主義、唯我主義、悲觀主義和虛無主義融為一體，既有觀點鮮明的創新，也因為過分龐雜而犧牲了邏輯，顯得鬆散。不過，這也正是他那富於個性特色的哲學的一大特徵。

叔本華哲學的基本意圖是：把世界觀與人生觀統一起來進行闡釋，從而建立一種沒有宗教的信仰。他的意志哲學把世界的本質看作是意志，把事物看成是意志的現象或表象，把意志與表象的諸種關係又建立在人與世界的關係的基礎上。從這一前提出發，他創立了一種新的人生觀，對人生的一系列問題提出了發人深省的見解。

這種哲學是前所未有的，它對人存在的最高問題——人生的意義和價值——作尋根究底的追問，用人生的尺度來檢驗一切既定的思想和價值，用批判的目光去審視一切，決不輕信未經批判的審視的東西。它不可避免地存在著缺陷和不足，但卻是開拓者和創新者必然會遇上的。能有這種獨立不羈、不畏權威的勇氣和決心，就足以讓人欽佩了；更何況，它還以亮光照亮著過去長期被遮蔽了的人生難題，留給我們無限的思索和啟迪。

世界是我的意志

叔本華在他的主要著作《作為意志和表象的世界》開篇所說的頭一句話便是：「世界是我的表象。」

開門見山，直截了當，觀點何等地鮮明，沒有任何遮掩和躲閃，猶如衝著我們而來的當頭棒喝。他還緊接著說：「這是一個真理，是對於任何一個生活著和認識著的生物都有效的真理。」歷來的哲學著作都沒有這種寫法，總是板著面孔，說一大堆煩瑣冗長的廢話。我們感到了清新之風撲面而來，沒有任何詰屈聱牙、深奧難懂的詞彙。讓人能懂，是他最直接的追求；簡潔明瞭，是他突出的個人風格。

這個思想來自康德的啟迪。

康德把世界區分為此岸（現象世界）和彼岸（自在之物）。我們所能認識的，只是現象世界，是自在之物呈現在我們面前的樣子。自在之物本身是不可知的，但是它肯定存在著，理由在於現象世界有著統一的基礎和根據，我們的認識需要更高的綜合和引導，人類的行為遵循著明白無誤的道德律令。這一切都表明，自在之物的存在具有必然性。

自在之物既然存在，卻又是不可知的，這對於想把世上萬物的本質探索出個究竟來的叔本華而言，是不可接受的。因此，他直接提出了自己的答案：「自在之物是什麼呢？就是——意志。」（《作為意志和表象的世界》，以下凡引自該書的原文，不再作說明）只要我們靜下心來反思，就可以「越過現象，直達自在之物，現象就叫作表象……一切客體，都是現象，唯有意志是自在之物。」

這樣，叔本華將他對世界本質的基本理解表達了出來：我們所感受到的一切事物——無論是有生命的，還是沒有生命的——都是現象，即表象；表象只有當我們感受到的時候才存在，所以才說「世界是我的表象」。另一方面，一切表象都有著共同的本質，這就是意志；意志是自在之物，它的客體化就是表象，即現象世界的萬事萬物，所以又說「世界是我的意志」。

那麼，意志又是什麼？意志是求得生存的意志，或者叫做生命意志。它是一種盲目的、不可遏止的生命衝動，是世界的內在蘊涵和根本方面。它是衝動、本能、奮進和慾望，是初始的、先在的、自因的。它沒有終止的最後界限，也沒有最終的目的。因此，意志便意味著無窮無盡的要求。

意志作為世界的本質，是如何客體化為各種現象界的事物的呢？途徑有兩條：直接的客體化，即意志直接實現為事物的理念（種族）；間接的客體化，即由直接客體化間接地表現為事物的現象（個體）。叔本華以空中的浮雲為例，來說明意志客體化的方式。雲的具體形狀對雲而言不是本質的；雲的特性是有彈性的蒸氣，由風的衝力所推動，時而聚集，時而飄散。在浮雲之中，雲的變化所由產生的力是意志，雲所特有的體現力的方式（聚集和飄散）是理念，雲的各種形狀則是意志通過理念所表現出來的現象。他由對浮雲的分析而得出的結論是：其中的道理，適用於從最細微到最巨大的一切事物。

不可遏制的、盲目的生命衝動客體化為事物的理念，再客體化為事物的現象：意志（自在之物）→理念（意志的直接客體化）→事物（意志的間接客體化），這就構成了叔本華唯意志論哲學的基本框架。

整個世界都充滿意志；意志無處不在，並且是不可分的。

大自然中的所有事物都有意志，礦物有，植物有，動物也有。它們一方面是表象，另一方面也是意志的客體化。磁針總是指向北極，石頭總是向下墜落，結晶體的形成，地球總是被太陽吸引，植物渴望生長，這一切全是意志的客體化，是我們直觀到的意志的活動。

人的身體也是意志的客體化。在叔本華看來，人的身體以兩種方式存在著：一種是直觀之中的表象，是客體中的一個客體；一種就是意志，身體的各個部分都是與意志的慾求相對應而存在的，意志的任何一個活動在人身上都立刻體現為身體的活動。因此，身體的活動就是客體化了的意志活動。牙齒、食道和腸胃的存在，是食欲的客體化；生殖器的存在，是生殖慾的客體化。

動物的頭角是衝撞慾望的客體化；動物的爪牙和體力則是吃捕獲物慾望的客體化。

我們不能說石頭所表現來的意志是小部分，而人所表現出來的意志是大部分；意志不可劃分，它「呈現於一株或千百萬株橡樹，都是同樣完整、同樣徹底的」。

但是，叔本華告訴我們，意志的可見性和客體化的程度，卻有高低大小之分。換言之，這個世界是意志逐級的客體化；客體化有著無窮的級別。比如說，顯現在石頭身上的意志，在級別上就低於顯現在植物身上的意志；顯現在植物身上的意志，其級別又低於顯現在動物身上的。叔本華說，這些級別「有如最微弱的晨曦或薄暮和最強烈的日光之間的無限級別，有如最高聲音和最微弱的尾聲之間的無限級別」。

造成這些級別的原因，正是柏拉圖所說的「理念」。表象的低級形式（個別的個體）是次要的，是意志的間接客體化，是理念的展開；理念在它們的形態中被分散為各種各樣的現象，它們對於理念來說是非本質的，只存在於個體的認識方式之中，只對個體才是實在的。表象的高級形式（對於主體是客體的形式）是根本的、首要的、普遍的。「只有意志的客體所有級別的本質上的東西才構成理念。」因此，意志和理念，理念和理念的現象之間，就有了區別。

根據這樣一種意志逐級客體化的思想，叔本華認為，在無機界和植物界當中，意志把自己表現為一種盲目的衝動和無知的奮鬥；在其中，意志是孤立無援的，以一種絕不可能失誤的妥當性和規律性在起作用。這是意志最簡單、最微弱的客體化，原因在於它沒有借助任何工具。

在動物界之中，意志也還是主要表現為原始的力。只不過在這個級別之中，已經開始有了直觀的表象，有了假像和幻覺，有了行為的動機——儘管動物的直觀只與現在，而不與過去和將來相聯繫。

在人類之中，理性認識之光追隨著意志的衝動，照亮了意志的行程。與理性同時出現的是思考、憂慮和事先籌畫的能力，是對於意志的決斷而明晰的意志。在這個級別中，意志拖定了不變的方向，理性為意志服務，而由理性所產生的真實或虛妄的動機，卻使意志的表現變得異常複雜。

意志的客體化，不僅有由理念造成的級別的分別，而且由於有了無限的級別的分別，便產生了無窮無盡的鬥爭和殘殺，因為作為本源的意志本身就是不可遏制的生命衝動，意味著無窮無盡的要求。在客體化的過程中，較低級別的現象之間的彼此衝突，產生出較高級別的現象。每一個級別的客體化了的意志，都要同另一個級別爭奪時間、空間和物質。生命意志之間的自相殘殺，一直貫穿下來，到人類為止，因為人類制服了其它一切物種。在人類之中，意志的分裂和衝突便暴露到了最可怕的程度。

這樣，大千世界，五彩繽紛的萬事萬物都表現為一種特殊的「一」與「多」之間的關係：由意志的客體化而來的現象世界（表象）有著巨大的差別性和多樣性，相互之間充滿著無窮無盡的鬥爭，但是，作為自在之物的意志卻是始終不變的，它不會在雜多和鬥爭中消失。因此，始終具有同一性和單一性的意志便意味著：各種事物及其現象在本質上都是一致的、相似的，自然物、動物和人類雖然表現形式不同，卻有著共同的本質，所有的變化都遵循著一個共同的規律。

在叔本華對他的意志世界所作的闡述之中，我們看到了他是如何從康德哲學出發而又對康德哲學進行了批判；看到了他如何把柏拉圖哲學引入自己的思想之中，他所說的盲目的生命衝動、生命意志，明顯帶有非理性的色彩（無限的和無目的的），而在對意志客體化所作的闡述中，又保留了理性的因素。從他所說的生命意志中，我們也可以覺察到，尼采的「權力意志」說，佛洛伊德的泛性主義，都是從這樣一個源泉流淌出去的支流。

在叔本華之後，有人認為他的思想僅僅涉及到一些人生現象，沒有建構起一種具有嚴格體系的哲學大廈；說他的哲學是鬆散的、不嚴密的，經不起嚴格的批判。通過以上的敘述，我們不難發現，這種說法顯然難以站住腳。叔本華所論及的問題，也是西方傳統哲學所要解決的問題；他依然是在哲學基本問題的範圍之內來建構他的意志哲學的體系的，並且對世界的本質作出了發人深省的解釋。

意志—理念—表象，構成了叔本華哲學的基石；他從這裡出發，著手解答他所關切的人生意義和價值等一系列人生問題。

世界是我的表象

解答了世界的本質問題之後，緊接著的一個問題便是：世界同人之間是一種什麼樣的關係。客體同主體之間是怎樣的關係，這也是西方傳統哲學中的一個重大問題，大凡喜歡打破砂鍋問到底的西方哲學家，都要對這個重大問題作出自己的回答。

叔本華對此問題的解答，早已包含在他那個著名的命題——「世界是我的表象」之中了。他在強調了這一命題是個真理之後，接著坦率地聲明：「這個真理決不新穎。它已包含在笛卡爾所從出發的懷疑論觀點中。不過，貝克萊是斷然把它說出來的第一人；儘管他那哲學的其餘部分站不住腳，在這一點上，他卻為哲學作出了不朽的貢獻。」

此話一點不假。

笛卡爾，這個被黑格爾等人稱為西方「近代哲學之父」的法國數學家和哲學家，是近代率先把哲學思想從傳統的經院哲學的束縛中解放出來的第一人。他作為一個哲學上徹底的二元論者，明確地把人的心靈和肉體區分開來，提出了物質世界和精神世界並存的觀點。他力圖用思維（心靈）來證實存在，他在一六三七年問世的哲學著作《論方法》中，提出了那個對後世影響久遠的著名論斷：「我思，故我在。」他崇尚理性，認為人類心靈的思維，就是人類理性的活動。他要求用理性去衡量和判斷一切事物，理性所不能解決的事情，絕不能憑信仰來解決。他所理解的理性，是先天的、與生俱來的良知良能。「善於判斷和辨別真偽的能力——這其實就是人們所說的良知或理性——在一切人之中生來就是平等的。」（《論方法》）

笛卡爾被稱作懷疑論哲學家。他懷疑傳統的經院哲學所確立的觀念和價值，力圖樹立理性的權威，要求讓一切都經過理性的檢驗。從他那裡，我們不難發現叔本華的「世界是我的表象」與「我思，故我在」之間的內在聯繫。同時，我們也不難發現，叔本華的反理性傾向之所以不徹底，不僅與他吸取柏拉圖的「理念」說有關，也同笛卡爾哲學有關。除此之外，這還讓我們聯想到：叔本華對印度佛教哲學的偏愛，似乎也同「我思，故我在」和「世界是我的表象」有某種微妙的聯繫。因為，佛教哲學主要是一種心性之學，尤其強調「心外無物」和對「本心」、「本性」的直覺領悟。

英國大主教、哲學家喬治．貝克萊被看作是西方近代思想史上徹底的主觀唯心主義者。他深受經驗主義和懷疑主義的影響，拋棄了傳統的物質實體的概念，提出了新的感覺理論。他對「存在」的意義作了簡明扼要而又深刻的分析，認為客體的「存在」便是被感知；主體的「存在」即是感知，從而提出了他那個著名的論斷：「存在就是被感知。」

貝克萊比笛卡爾走得更遠，他的唯心主義也來得更徹底，完全取消了物質客體的實在性和客體的存在。後來，他被看成是馬赫的感覺主義和愛因斯坦的「相對論」的先驅。在他那裡，我們也看到了「存在就是被感知」同佛教思想中的「心外無物」驚人的相似之處。明白了這種師承關係，就不難理解叔本華有關主體與客體、意識和存在、人與世界之關係的觀點了。

在叔本華看來，他以前的一切哲學總是在主體和客體的範圍內來討論問題，不是從客體出發去看主體，就是從主體出發去看客體。這樣的思路存在著很大的弊端。他想另闢蹊徑，擺脫主體和客體這個傳統哲學的範疇，從表象（現象）出發，因而提出了「世界是我的表象」這一命題。

「我」，實際上是指的人心中對世界意志的自我意識。對於「我」來說，作為感知對象的物是不存在的；「我」不認識太陽、地球這些事物。只是因為眼睛看見了太陽，太陽才存在著；只是因為四肢感觸到了地球，地球才存在著。因此，人心靈之外的世界，只是作為心靈的表象存在著。換句話說，世界只存在於我們的表象之中，世界的無限只存在於我們的心中，世界的意志只在我們心中才獲得了自我意識。

按照這種理解，叔本華認為，世界上的一切事物，都具有以主體為條件，並為了主體而存在的性質。主體能夠認識世界，不僅能夠認識作為表象的世界，而且能夠認識世界的意志本身；但是，主體不能被任何事物所認識，它是世界的支柱，是一切客體存在的先決條件。

人本身既可以是主體，也可以是客體；人在認識著的時候是主體，在他被認識著的時候是客體。所以，人的肉體便是客體，人自身也是表象。

實際上，在叔本華的理解中，仍然沒有脫離主體和客體這個討論意識和存在問題的框架，世界實際上仍是由不可分離的兩端構成的：一端是主體，一端是客體，二者「存則共存，亡則共亡，雙方又互為界限，客體的起處便是主體的止處」。這個「界限」，就是我們先驗就具有的那些認識客體的形式，他把它們叫做「充分根據律」。

這些看法在理論上的淵源，仍可追溯到康德和柏拉圖那裡。康德的認識論認為，我們不能照事物是自在的樣子來認識它們，而是按照它們根據我們的認識器官的狀況呈現給我們的樣子來認識它們。康德的這一看法，在柏拉圖的「洞穴」理論中早已有所表述，只不過康德進一步規定了人先驗地具有認識現象世界的時間、空間和因果性這樣一些形式。

叔本華根據這一看法提出了他自己的充分根據律。他認為，根據律是解釋一切的原則；解釋一個事物意味著把它的存在或關係歸因於某種形態的根據律，根據律有四種：存在的根據律（第一根據律），包括外在和內在的感性，即空間和時間形式中的感知；變化的根據律（第二根據律），包括知性和因果；行為的根據律（第三根據律），包括自我意識和動機；認識的根據律（第四根據律）包括理性、認識的根據和邏輯。

所有的客體都要服從這些根據律，都只存在於根據律的各種形態中，唯有主體超越於這些形態，而且這些形態反要以主體為前提條件。作為主體的「我」，一旦擺脫了根據律的束縛，深入到現象世界的本質，就可以在藝術或哲學中認識到世界的意志本身。在藝術中，我們超然於所認識的對象與任何其它對象的關係之外，喪失了自己的人格而成為純粹的認識主體，棲息、沉浸在對眼前對象的親切的觀審之中。在哲學中，我們拋棄考察現象的方式，不追問世界的來由和去向，只問世界是什麼，進而從整體上和本質上把握最高的規範和內在的意蘊。

認識的主體當然是人，只有人才擁有完全的認識，因此世界是以我們的認識為轉移的。人不僅能夠認識現象世界中過去、現在和未來的關係，而且還能超越這種關係，洞見到永恆。相比之下，動物只能直觀到「現在」，而植物和無機物卻連直觀也沒有。

當人作為主體去認識現象的時候，人自己也成了現象。在這種情況下，人的理性按照現象世界的規律為自身的生命意志服務。倘若人的認識擺脫了為意志服務的關係，超然於現象世界的規律（根據律）之外，人便認識到了意志，認識到了現象世界的本質。

人的認識將現象世界與意志本身區別開來，從而揭示出現象世界與意志本身的真實關係。根據這樣一種理解，我們可以看出，主體與客體、意志與理念、理念與現象、人與世界的關係，全都是由人的認識建立起來的。如果沒有人的認識，意志便是盲目的、無知的、原始的，猶如處在黑暗的漫漫長夜中一樣。如果沒有人，世界便失去了自我意識，便毫無意義，更無所謂存在與不存在了。

這就是「世界是我的表象」所蘊涵的理論內容。毫無疑問，這些觀點是唯「我」的，唯心的；其中既融合了笛卡爾、貝克萊、康德、柏拉圖的觀點，也有叔本華自己的創造，並且在精神上也同印度哲學有相通之處。

如果我們不是從既定的某些觀點出發，而是從我們的生活體驗出發，恐怕便會體悟到這樣一個事實：世上萬物的存在，的確是由心靈、活動著的大腦來感知的，它們只能由心靈來感知，只對心靈才具有意義。一旦活動著的心靈失去了，一切的存在、意義等等便全部消失了，從而進入一種絕對的死寂狀態。

我們總是相信存在先於感知。但是，認真想來，這是我們憑藉理性所作出的一種推斷，設想即使沒有了感受著的心靈，對象、世界、萬物也依然存在，而事實可能恰恰相反。沒有了心靈的感受，存在便是沒有意義的。因為只有人才有心靈，才有感知，才有思維，才能去感受大千世界的無限豐富和無窮變化。倘若這個世界只剩下物質，那將是一種多麼可怕的情景啊！

見物不見心，或者見物不見人，這樣的哲學必定是沒有意義的、乏味的，也是沒有生命力的，無法令人信服的。

痛苦而悲觀的世界

在叔本華生活的十九世紀，人類歷史發展過程中的資本主義制度已經有了大踏步的發展。在兩百多年當中，人類征服自然、改造自然的能力提高到了前所未有的水準。物質文明的高度發達，使眾多社會矛盾尖銳地出現在人們面前。由物質文明帶來的人與人、人與自我、人與社會、人與自然的全面對立，使人們對現實感到迷惘和懷疑，進而發展到憂慮和悲觀。社會的動盪、矛盾的困擾、異化現象的不可克服，造成了人們宗教信仰的削弱，對科學技術的懷疑，對傳統價值觀念的動搖。資本主義早期蓬勃向上的樂觀主義早已蕩然無存。這一切為悲觀主義的出現提供了土壤。

一個致力於探索人生意義的思想家，一個真誠而執著地追問人生意義的思想家，是不可能迴避充滿世界、人生中的悲劇和痛苦的。他完全可能不介入現實的政治、暴力、衝突、不幸、悲哀等等，以清醒的態度和智慧，將整個世界和人生作為觀照的對象，洞悉其中的悲劇根源。

世界的痛苦，人生的悲劇，是古往今來一切以探索人生為己任的思想家絕不可能迴避的重要方面。膚淺的樂觀主義採取迴避的態度，虛假的樂觀主義則採用掩蓋的方法，而承認世界的痛苦和人生的悲劇性，要比各種樂觀主義真實而深刻。

懷疑和批判樂觀主義，成了悲觀主義的起點。叔本華這位天生性情憂鬱內向的哲人，大概算得上西方近現代思想史上的一個悲觀主義者，厭棄傳統哲學以理性作為憑藉的樂觀主義，突出強調生命的悲劇性和悲劇意識，這也成了他的意志論哲學的一個重要組成部分和重要特點。他的悲觀主義同樣對樂觀主義作了強烈的抨擊。

他明明白白地告訴我們：「如果人們還要帶領一個最死硬的樂觀派去參觀正規醫院，戰地醫院，外科手術室，再去看監獄，刑訊室，奴隸禁閉處，看戰場和刑場；然後給他打開一切黑暗的、疾苦的所在地，那兒，〔在你去看時，〕痛苦在冷酷的好奇眼光之前爬著躲開了；最後再讓他看看鄔戈林諾（按：此人係十三世紀義大利比薩省的暴君）的牢房；那麼，他在最後一定也會看出這可能的最好世界究竟是怎麼回事了。」（《作為意志和表象的世界》，以下引自此書的原文不再作注）我們清楚地看到，叔本華對樂觀主義的抨擊，完全是從生命的真實狀況出發的，而不是從觀念到觀念，從理論到理論地作高談闊論。他還指出，莎士比亞著名的悲劇《哈姆雷特》中那段關於「生存還是毀滅」的獨白所包含的真正意義在於：「我們的境況是這樣苦惱，壓根兒不存在肯定會比這種境況強。」他也向我們指出，但丁的《煉獄》完全是取材於我們的現實世界，除此之外不可能來自別的地方，「而我們的現實世界也真已變成一個很像樣的地獄了」。

從現實世界出發，直面生命的悲劇性，使我們無論如何都不可能自欺欺人地掩蓋現實中的醜惡和虛假，也使我們毫不猶豫地打破樂觀主義的幻想。所以，叔本華宣稱，在痛苦的世界和悲劇性的人生面前，「樂觀主義可說是對人類的災難，一種譏刺的嘲弄」。他還宣稱：「我在這裡禁不住要說明一點，即是說在我看來，樂觀主義如果不是這樣一些人們的，亦即低陷的天庭後面除空話外不裝著什麼的人們，沒有思想的談論；那就不只是作為荒唐的想法而且還是作為一種真正喪德的想法而出現的，是作為對人類無名痛苦的惡毒諷刺而出現的。」

實際上，人生的苦惱、厭倦、痛苦、悲劇等等，我們每個活著的人都在實實在在地體驗著，甚至可能是深入內心深處的切膚體驗。但是，我們很少，或者根本不願把它們說出來，而寧可用一些冠冕堂皇的東西來作掩飾。當有人直率而大膽地將一切真相揭示出來之後，人們卻將那人視為惡魔，大張旗鼓地加以撻伐。這種境況本身，也可以說是一種悲劇。

一個人要做到清醒，並且敢於講出真相，往往需要比馳騁沙場還要大得多的勇氣和決心。僅僅憑這一點，叔本華在近現代思想家的行列中就足以傲視眾人了。他不僅抨擊樂觀主義，而且也痛斥了玩弄欺騙手法的人：「人們的生活也像一些低級商品一樣，外表上都敷有一層虛假的光彩。凡是痛苦總是掩飾起來的，相反，一切冠冕堂皇有光彩的東西就都要拿出來炫耀。越是內心裡有欠缺，他越是希望在別人眼裡被看作幸運兒。（人的）愚昧可以達到這種地步，以致別人的意見竟成為每人努力的主要目標；儘管虛榮這一詞兒的原義在所有的語言文字中幾乎都是一致地意味著空洞和虛無，就已經表示了這種做法的毫無意義了。」

恐怕很少有人像叔本華這樣痛快淋漓地表達出生活的真實狀況，不顧一切權威和世俗的偏見，一如天馬行空，獨來獨往。我們只有歎息：人類不乏聰明的思想家，但是缺少有骨氣、有勇氣的思想家和先驅者。

那麼，世界的痛苦和生命的悲劇性是由什麼造成的呢？

答案依然在他的意志哲學之中：意志作為最高的存在，是不能遏制的盲目衝動，是無限制的生命慾求，即是既維持自己的生存，又要生殖繁衍後代。因此，意志又稱為「生命意志」。

生命意志在本質上就是痛苦，人的本質就是悲觀，因為一切慾求都是由於匱乏，是由於對自己現狀的不滿。慾求得不到滿足，就產生痛苦；每一次慾望的滿足都不可能持久，並且都是新的慾求的起點。所以，生命的慾求是絕無止境的，痛苦是無邊無際的。人生除痛苦之外沒有別的什麼目的，不幸是一個普遍的法則。

正如意志的客體化有級別之分一樣，痛苦和不幸也有程度的差別。意志現象越是完善和充分，痛苦就越是顯著。礦物和植物沒有痛感，最低等的動物的痛感很微弱，高等動物的痛感則較強。到了人，痛苦就達到了頂峰；人的智力越是發達，痛苦就越是深重；天才作為智力最發達的人，其痛苦便達到了頂點。

人作為生命現象，同其它一切事物一樣，都是生命意志的客體化。但是，唯有人才具有自我意識，生命意志賦予人依靠自己的力量維持自己生命的使命，因此人類是生命意志最完善的客體化，是一切生物中慾求最多的生物。「人，徹底是具體的慾求和需要，是千百種需要的凝聚體。人帶著這些需要而活在世上，並無依傍，完全要靠自己；一切都在未定之天，唯獨自己的需要和困乏是肯定的。據此，整個的人生在這樣沉重的，每天開門相見的需求之下，一般都充滿著為了維護那生存的憂慮。直接和這憂慮連在一起的又有第二種需求，種族綿延的需求。同時各種各樣的危險又從四方八面威脅著人，為了避免這些危險又需要經常的警惕性。他以小心翼翼的步伐，膽戰心驚地向四面瞭望而走著自己的路，因為千百種偶然的意外，千百種敵人都在窺伺著他。在荒野裡他是這樣走著，在文明的社會裡他也是這樣走著，對於他到處都沒有安全。」

這樣，叔本華為我們描繪了一幅悲慘的人生圖景：人生活在一個危機四伏的世上，戰戰兢兢，如履薄冰。人和人之間如同豺狼般相處，人生如同在狼窩裡掙扎和奮鬥，並且總是失敗，最終仍然是失敗。所以，人生就是不幸的，是悲慘的。

這幅圖景不是太可怕了嗎？我們或許會不相信，認為叔本華這位「悲觀大師」把不幸和悲劇過分誇大了。但是，如果我們看看戰場上的血腥殘殺，官場和商場上的勾心鬥角、爾虞我詐，日常生活中為謀生的勞苦艱辛，人們在貧困和疾病申的掙扎；尤其是當我們自己有了對這些不幸和悲劇的親自體驗之後，我們才會對此圖景確信不疑。

叔本華還向我們指出：痛苦和無聊是人生的兩大基本因素，人生如同在痛苦與無聊之間來回擺動的「鐘擺」。因為，人的慾求一旦得到滿足而不再追求，空虛和無聊便會立刻襲來，這時，人的存在和生活本身就會成為不可忍受的重負，恰如不可承受之「輕」。

在一般人看來，慾求的滿足，便是幸福；而叔本華卻告誡我們，各種滿足感在性質上都是消極的，是相對於能脫離痛苦來說的。因此，我們評判人生的幸福，不是依快樂和愉悅來作評判，而是以解脫痛苦的程度來衡量。照這個標準，低等動物享有的快樂就比人要大得多。可以設想，倘若世界是個安樂園，到處都佈滿鮮花和蜜糖，每個人都能隨心所欲，那麼這樣的世界即使不會迫使人去上吊，也會讓人因厭煩而無法自己。其結果很可能是人們自相殘殺，由此造成的災難或許會超過自然給人類帶來的災難。

如此說來，人類遭受不幸和痛苦也有其好處。如同人在地球上生活離不開大氣的壓力一樣，否則我們的軀體就會爆裂；人生如果沒有艱難和不幸，事事順心如意，也會使自己的生命無限膨脹，結果會無法控制。因此，痛苦和不幸也是人生的必需。

人生之所以是悲慘的，不僅是因為生命本身總在痛苦和無聊之間來回擺動，還因為生命要受到「個體化原理」的支配。世界的意志客體化為個別存在物的形式，被叔本華稱為「個體化原理」。他認為，當意志決定人生時，人的生命就是體現求生意志的現象。這樣，人就成了在具體的時間和空間中生活著的人，就永遠是「此時此地」的現象個體，而且必須服從根據律這一現象世界的規律，人對現象世界的認識，便成了自己的生命意志的工具。他向我們指出：個體化原理支配著生活，是人生的根本原理，即我們每個人都為自己的生存而奮鬥，自私自利是人們行為的普遍準則。

由於大多數人終生貧困，只能維持自己的生存，但如果受到阻礙，就會不惜以犧牲和否定他人的生存來求得自己的生存。所以，利己主義是必然的，對生命意志的肯定是絕對的。個人正是由於「個體化原理」而受到意志的奴役，承認這種奴役無疑是一種痛苦，而要擺脫痛苦，就得捨棄慾求，擺脫意志的奴役，否定生命意志。

個人可以通過藝術來到達暫時的解脫。在藝術的審美狀態中，個人暫時擺脫了「個體化原理」，從而暫時擺脫了意志的奴役，成為無意志的純粹的認識主體。悲劇的意義便是要人們看透「個體化原理」，認清生命的原罪，從而放棄整個生命意志。如果要想得到永久的解脫，只有徹底否定生命，走禁慾之路。

至此，我們可以明白了，叔本華的悲觀主義，從對生命意義的追求，到懷疑，再到徹底否定，生命和生活就不止是痛苦和不幸的了，而且在根本上就是沒有意義的了。

何以會如此呢？在叔本華看來，這個世界全然是人與人之間相互競爭、彼此吞食以苟延殘喘的場所。仇恨、爭鬥、罪惡和暴力充滿世界，到處橫行，個人的生存隨時都受到威脅，隨時都有毀滅的危險。所以，歷史便是由一連串永無終結的劫奪、謀殺、欺騙和陰謀構成的。

人生所遭受的不幸，根源就在人自己身上，在於人的生命意志及其客體化。它表現為每個生命個體為了自己的生存而進行著永無止境卻又徒勞無益的追求和爭鬥。這樣，生活就是痛苦或無聊，世界就是地獄，人就是吃人的狼，人生就是不幸。

如果徹底否定了生命意志，其結果將是：「隨著自願的否定，意志的放棄，則所有那些現象，在客體性一切級別上無目標、無休止，這世界由之而存在並存在於其中的那種不停的熙熙攘攘和蠅蠅苟苟都取消了；一級又一級的形式多樣性都取消了；末了，那些現象的普遍形式——時間和空間，以及最後的基本形式——主體和客體也都取消了。沒有意志，因此也就沒有表象，沒有世界。……於是留在我們之前的，怎麼說也只是那個無了……在徹底取消意志之後所剩下來的，對於那些通身還是意志的人們當然就是無，不過反過來看，對於那些意志已倒戈而否定了它自己的人們，則我們這個如此非常真實的世界，包括所有的恒星和銀河系在內，也就是——無。」

叔本華的這個結論來自印度哲學。佛教哲學所追求的「悟」的最高境界，即是「無」；一切的生命現象、有形的物質（色），發展到最後便都是「空」。空和無，原是世界的本相。《奧義書》中的悲觀思想，把人生看作是痛苦的，虛幻的；尋求解脫的途徑便是放棄一切意志和慾念，達到「涅槃」的境界。把古代印度哲學思想融入到自己對人生悲劇性的理解中去，是叔本華作為一個地地道道的西方思想家，與其他西方思想家最不相同的一點，也是叔本華哲學的個性特色之一。

這種悲觀主義達到了前所未有的深刻程度和絕望程度。它不是沒有來由的。如果我們大家靜下心來反思，要是這個世界上沒有生命，沒有人生的不幸、痛苦與災難，也沒有心靈對於不幸、痛苦和災難的感受。意識、思考，一切全都歸於澄明靜寂的無，唯有陽光照耀之下的萬物，難道不是一種絕對靜默的最高境界嗎？

叔本華自認為他的哲學不是給人以安樂的沙發椅上的哲學，因為他赤裸裸地說出了別人不願說、不敢說、說不出的生活與存在的哲理。他讓我們清晰地看見了人生中充滿著痛苦、悲劇和絕望；我們可以不同意他由此得出的結論，卻不得不承認他說出了實話和真相，讓我們在觸目驚心之後，在一次又一次的失敗和失望之後來反思他告訴我們的那一切，根據自己的切身體驗，來作出自己的判斷，得出自己的結論，尋求自己的拯救之路。

向理性主義挑戰

理性，一直是西方近代哲學中的上帝；理性主義，一直是西方近代哲學的主潮。從資產階級登上歷史舞臺的那一天開始，他們便堅定而驕傲地扛著理性主義的大旗向教會和封建的王公貴族發起衝擊。法國資產階級革命的成功，似乎加強了人們對理性和理性主義的信念，一步一步地把理性抬到了至高無上的上帝的地位。

法國懷疑主義哲學家笛卡爾率先總結由自然科學的發展所帶來的各種理性主義觀點，建立了理性主義的基本原則，為十七世紀的古典主義奠定了思想基礎。英國經驗主義哲學家培根喊出了「知識就是力量，要借服從自然去征服自然」的口號。他要求哲學家從感性經驗出發而不是從概念出發，把知識的基礎奠定在感性認識之上，確立了認識論中的科學實踐的觀點。以萊布尼茲為代表的德國唯理論者和法國啟蒙運動的思想家狄德羅等人，都堅信理性的法則。萊布尼茲宣稱，人生而具有先驗的理性認識，人憑藉它來「整理」混亂的感性認識；世界的完善和諧是上帝這位「鐘錶匠」預先安排好了的。法國啟蒙思想家們要求把理性當作衡量一切的尺度，不相信有經不起理性檢驗的真理。德國古典哲學家們則把理性主義發展到了頂點，其中最大的代表便是遭到叔本華激烈反對的黑格爾，他甚至把世界變成了自我推演的邏輯範疇。

當一個東西被捧上了神聖的至高無上的地位之時，必定會有懷疑和反叛接踵而來。當太陽升上中天達到頂點的時候，接著而來的就是向西偏斜，直至落入西山。

對理性的崇尚，支撐著對世界和人類的樂觀主義，甚至會被誇大到一種盲目的、病態的樂觀主義。一旦遇上嚴峻而艱險的現實人生之時，由理性主義支撐著的樂觀精神頓時就變得軟弱無力，使人們對它產生無可挽回的懷疑。

對理性的崇尚，導致人們把邏輯思維提升到至上地位，迷信科學萬能，熱衷於追求知識和征服外部世界；相信世界萬物背後存在著支配一切的、普遍有效的邏輯力量；把人看成是理性動物，相信人的一切言行都受著理性的控制。總而言之，理性成了一把所向披靡的尚方寶劍，一把可以打開所有鎖的萬能鑰匙。

然而，人生的難題，人自身的存在，人類無限廣闊和深邃的內心世界，世界的神奇和荒謬，全都是理性可以把握和解釋的嗎？為什麼給人類帶來物質財富的科學，不但沒有使世界和人生變得更好，反而使各種矛盾、病態和悲劇日益加重加深，使人生變得越發迷惘並不可理喻呢？

物質文明的進步並未給人們帶來多少幸福；況且，到底什麼是「理性」，人們似乎從未有過明確的界說。是先於人而存在的理念，還是人生而具有的認識能力？是世界原本就存在的某種規律和秩序，還是人從世界中抽象出來的邏輯推理能力？是形上的思辨理性，還是形下的工具理性？人們把握真理的邏輯推理能力到底來自哪裡？對這些問題，人們的回答從來都是眾說紛紜，從未有過眾口一詞的認同。當這個難題無法解答之時，人們大多數時候便把它歸之於超越生活著的活生生的人所能把握的範圍之外的某種神秘力量。

因此，當直接面對現實社會的危機和困厄的人生，而不是面對脫離現實的、抽象的「學術遊戲」之時，人們不能不對走到了極限的理性和理性主義產生懷疑和反叛，從而竭力去尋找理性之外的、合乎現實的答案。

懷疑和反叛理性的先驅者正是叔本華。

他率先起來向崇尚理性的權威黑格爾挑戰，鮮明而直截了當地表明自己的立場，亮出自己的觀點，絲毫沒有躲閃、吞吞吐吐和隱諱遮掩。從這裡開始，他為後來者開拓了生命哲學和深層心理學的廣大領域，使後繼者如潮流般湧來。

他第一個動搖了理性主義至高無上的權威地位。此前的哲學家，幾乎無一例外地相信人類心靈的本質在於思想和意識，相信人是能夠認識一切的理性動物。叔本華對這一成見作了堅決的駁斥：「這個自古以來普遍的基本錯誤，這個巨大的原始謬論，……首先必須徹底清除。」

他所憑藉的，依然是他所創立的意志哲學。意志本身就是一種盲目的、不可憑理性去把握的衝動；這一奮爭不息、百折不撓的生命衝動，自發的活力，是一切慾望的根源，是世界和人的本質。所以，世界和人自身在根本上就不是理性的，自然也不能憑理性來把握。「意識僅僅是我們心靈的表面，正如同我們對於地球一樣，除了它的外殼之外，我們對其內部一無所知。」

從表面上看，我們會誤以為理性似乎時時刻刻在引導著盲目的意志；而在實際上，理性只不過像是一個嚮導，在引導著他的主人而已。在日常生活中，我們想要得到一樣東西時，並不是我們事先發現了或者努力去尋找需要這樣東西的種種理由；相反，正是因為我們想要它，然後才去尋找需要它的理由，甚至還可能竭力用各種冠冕堂皇的理由以至神學，來掩蓋我們真實的慾望。所以，人同動物相比，是一種虛偽的「形而上學的動物」，因為動物表達慾望是直截了當的，絕無掩飾的動機和意識，而人則想法設法加以掩飾，經常還可能掩耳盜鈴。

叔本華反覆申說這個道理，意在徹底揭穿人類的虛偽。對於他這個極端憤世嫉俗者來說，最不能容忍的事情，莫過於虛偽了。「當我們和一個人辯論，先提出各種理由和說明，想方設法企圖去說服他，到了最後，才發現他根本不願意瞭解你的話，令人冒火的事莫過於此；此時，我們的對象應是他的意志，而非他的理智。所以邏輯是無用的，沒有一個人能以邏輯來說服別人；甚至邏輯學家也只是把邏輯作為收入的來源而已。所以要想說服一個人，你必須投合他的個人利益、他的慾望、他的意志。看一看我們對勝利的記憶是如何長久，對失敗的遺忘又是如何迅速，由此可見，記憶力也是意志的奴僕。」即使是「最愚笨的人，當問題與他的願望有密切關係時，他的理解力也會變得敏銳起來」。

這樣一些來自於生存狀況的真實體驗，只要我們不是決意要掩蓋，那麼便是無論如何都無法否認的。倘若有人一定要加以否認，那麼他不是別有用心，便是愚昧到了極點。

叔本華立足於意志，在立場上便與理性主義根本對立，並且這是始終貫穿於他的哲學之中的。但是，在這個前提之下，他仍然為理性保留了一個有限的地位。

在他看來，人類的認識和理性都是意志的客體化發展到一定級別之後的產物，即意志客體化到了較高級別後才出現的，它是個體為了維持生存和傳種接代而要求的一種「輔助工具」，一種「器械」。正如意志的任何慾求都要通過一種專門器官表現出來一樣，認識要通過大腦表現出來。

但是，認識這一輔助工具和器械有點特殊，即有了它之後，才會出現作為表象的世界及其所有的形式——主體和客體，時間和空間，雜多性和因果性等等。因此，表象的世界直到這時才出現，而這之前的世界只是代表盲目慾求和衝動的意志。認識的出現，意味著意志為自己點燃了一盞「明燈」。認識出現之後，便伴隨著意志的客體化從較高級別向最高級別發展，於是，直觀認識便向理性認識發展；理性認識只有人才具有。動物只有對表象世界的直觀認識，沒有意識，不能反思，也沒有概念和邏輯抽象能力；這些表示理性存在的東西只體現在人身上，並且由於人有語言，才有了深思熟慮的行為和科學。

既要反對理性主義，又要為理性保留一席之地，這似乎體現了叔本華哲學的矛盾。從表面上看，確乎如此；但我們不要忘了他的根本立場：無論是理性認識，還是直觀認識，全都是非理性的意志產生出來的，要受到意志的制約，要順從地為意志服務。在另一方面，為理性認識保留一席之地，是合符實際的。憤世嫉俗和反叛傳統固然精神可嘉，但是如果僅僅為憤世嫉俗而憤世嫉俗，為反叛傳統而反叛傳統，極端到連事實都不顧，那麼這種舉動就毫無可取之處。就反理性主義而言，倘若完全把世界和人的動機、行為理解為盲目的慾望和衝動，那麼對它們的哲理思考和追問也就沒有任何意義了。

更進一步，叔本華認為，直觀認識和理性認識雖然都是意志客體化到一定階段，乃至高級階段後的產物，但這二者之間是有差別的。理性認識由直觀認識引申而來，與直觀認識有著完全不同的性質和成分：理性認識是直觀世界的摹寫和複製，近似於「鑲嵌畫中的碎片」；直觀是理性認識可以接近卻不可達到的極限，兩者並不完全吻合，理性不可能在任何地方取代直觀。「人類雖有好多地方只有借助於理性和方法上的深思熟慮才能完成，但也有許多事情，不用理性，反而可以完成得更好些。」

所以，直觀成了通向真理的可靠途徑，它是一切真理的源泉和一切科學的基礎；一旦有理性認識的介入，就有可能出現謬誤。

如果我們聯繫到東方哲學和東方人的思維習慣、思維方式來看，便絲毫不會對叔本華的這些看法感到奇怪。我們的先哲向來習慣於感性直觀的領悟，由此形成了一整套關於人生和宇宙的思想體系。儒家以血緣關係為紐帶而建立起來的倫理道德學說，道家以「道」作為最高本體的天人合一的學說，以及禪宗以「悟」、「頓悟」為核心的心性之論，中國傳統美學和藝術對感性直觀和生命領悟的看重，我們全都習以為常。而在崇尚理性的西方人眼中，這一切都被貶稱為「東方神秘主義」。貶低異己的、不合於自己傳統的東西，把自己習以為常並且尊崇的觀念和價值當作衡量一切的標準，用後現代主義的立場來看，這完全是一種老子天下第一的文化殖民主義的傲慢和偏見。

世事的變化，似乎在證實著我們中國人愛說的那句老話：三十年河東，三十年河西。用我們的眼光來看叔本華抬高對生命意識的直觀，貶低冷冰冰的理性主義，倒是十分合乎我們的傳統和偏好呢。

叔本華在把理性引入意志哲學的同時，還告訴我們：只有觀審的方法才能認識理念，只有藝術才考察理念；藝術是由純粹觀審而把握永恆理念的複製品；藝術的唯一源泉是對理念的認識，唯一的目標便是傳達這一認識。

他認為，倘若要認識理念，不能運用按照根據律來進行的一般的認識方法，必須運用觀審法。觀審的能力並非人原本就有的，只有當作為主體的人擺脫了意志的束縛之後，上升為純粹的不帶意志的主體時，才能獲得這種能力。「這種主體已不再按根據律來推敲那些關係了，而是棲息於、沉浸於眼前對象的親切觀審中，超然於該對象和任何其它對象的關係之外。」「人們自先於對象之中了，也就是說人們忘記了他的個體，忘記了他的意志。」於是，直觀者和直觀對象融為一體，個別事物在觀審中變成了某種類型的理念。

在觀審的狀態之中，主體和客體都消失了，不存在了。認識不僅處於時間、空間之外，而且既不用感性，也不用理性，便可以達到對本質和真理的把握。

這不就是我們常說的「物我兩忘」的審美境界麼？我們不應忘記，叔本華是一位富於詩人氣質的哲學家，他在某些方面對藝術和審美的瞭解，恐怕比藝術家們還要深透，加上他對存在的深刻體驗，對東方哲學的嚮往和瞭解，那種在剎那間見永恆、在直覺領悟中獲得悅神快感的境界，不正和他所說的「觀審」有著驚人的相通之處嗎？

反對獨尊理性的理性主義，又不完全否定理性；強調感性直觀，又承認理性有一定作用；把主客體交融和對真理的直觀把握當作擺脫意志束縛的最高境界，這便是叔本華哲學非理性主義最引人注目的特色。

他從現實中深深感到，被人們一直當作神明的理性，雖然帶來了科技和物質的進步，但是所造成的災難和惡果也是前所未有的。人類的自相殘殺、暴力、戰爭不但沒有減少，反而越演越烈，這使他相信，人們的行為，並不全是受理性支配的，還有一直被人們所忽視的非理性的種種因素。他並沒有像尼采那樣徹底否定理性和科學技術，沒有像尼采那樣追究理性的「原罪」，把人的精神活動降低到生物活動的水準，而在意志哲學的領域中為理性保留了相當大一塊地盤。

叔本華帶頭起來反對理性，包括強烈反對黑格爾，引起了很多後來的人的不滿和指責。事實上，這些人多數是懷著一種偏見，並且並不真正瞭解叔本華。我們由此想到，為什麼叔本華身後會遭到那麼多指責和誤解，甚至是極其猛烈的抨擊？

也許是他太奇特了，他的自命不凡、直率大膽、蔑視權威、不同流俗，加上他的意志哲學、離經叛道、直面人生，將人們試圖加以掩蓋的一切全部揭露出來，誰會容忍和寬恕他？

不知道這是叔本華的不幸，還是我們的不幸。

第四章：生死存亡之間

人是什麼

要解答人生難題，頭一個遇上的問題便是：人是什麼？這是一個既古老，又常新的難題。一切時代的一切真正的思想家都必須面對這一難題，必須就此作出自己的回答。

古希臘的特爾斐神廟中攜刻著一道神諭：「認識你自己。」千百年來，這個來自神靈的命令一直在催促著我們，而迄今為止依然沒有人對此作出令所有人都滿意的回答。人是天使，還是野獸；是神靈，還是動物；是有思想的高貴者，還是沒有靈魂的卑賤之物；人們的答案真可以說是紛紛紜紜，莫衷一是。

叔本華的哲學，也對這一難題作出了自己的回答。

在叔本華看來，人是什麼這個問題，比人擁有什麼和他人對他的評價，更能影響到人的幸福。原因在於：人的個性隨時隨地伴隨著人，影響到人對生活的體驗，「所以人格——也

就是人本身所具有的一些特質——是我們首先應考慮的問題」。（《人生的智慧》，以下引自本書的原文不再註明）

基於這樣一種看法，叔本華就「人是什麼」這一問題所得出的答案是：「人是什麼，他本身所具有的一些特質是什麼，用一個詞來說，就是人格。人格所具備的一切特質是人的幸福與快樂最根本和直接的影響因素。其他因素都是間接的、媒介性的，所以它們的影響力也可以消除破滅，但人格因素的影響卻是不可能消除的。」

人就是人格，人格則是始終伴隨著人的。這樣的答案是不是過分簡單明瞭點呢？再進一步問：人格又是什麼，是由什麼決定的呢？叔本華認為人格是「意識素質」的體現，是由「意識素質」決定的。意識素質是內在的、恒定的、不變的；換言之，意識素質是天賦的、決定性的，不受外界和外物的影響，相反，作為意識素質表現的人格，倒是可以影響和決定外物。所以他說：「人的天賦氣質決定了他受苦的種類，客觀環境也受主觀傾向的影響，人所採用的手段總是對付他所易受的苦難，因此客觀事件有些對他有特殊意義，有些就沒有什麼特殊意義，這是由天賦氣質來決定的。」

再進一步說，意志素質既由天賦決定，它們之間就有差別，人與人、人格與人格便都有了差別：平凡的人和睿智的人。平凡的人常常受著盲目衝動的意志的左右，他們「所熱切關心的事，是那些會刺激他們意志，也就是與個人利害相關的事情」。這種人在追求個人慾望滿足的過程中，誠然也會產生一些痛苦，但這種痛苦卻是不真實的和短暫的。睿智的人則不一樣：他們能夠擺脫意志的束縛，「能夠完全不涉及意志，熱切關心一些『純知識』的事物，此類關心也是這種人必備的品格，它使他不受痛苦的干擾，使自己能生活在類似仙境的寧靜國度中。」平凡的人和睿智的人之間的區別，在叔本華心目中也就是低賤和高貴之間的區別，就他個人的態度而言，他是輕視低賤者，讚賞高貴者的。

從叔本華對人和人格的看法中，我們可以看出具有這樣一些特點：

人格是天生的，由意志決定的，並且難以改變。既然是天生的，就不可避免地同遺傳而來的生理特點有關，這與他對天才與遺傳有密切聯繫的觀點相似。他還引用古希臘哲學家亞里斯多德的說法，來支持自己的看法：「持久不變的並不是財富，而是人的性格。」在他所列出的人格的要素中，比如天性、大腦、氣質、體魄等，幾乎都同遺傳有密切關係。因此，他的人格觀帶有濃厚的命定論的色彩。

其次，人格的高低貴賤之別也是不可改變的。低賤的人是絕大多數。他們體力可能充沛，但是內心貧弱，受著意志的驅遣。他們的人生是一部長期乏味的搏鬥史：「他們為了追求沒有價值的個人福利，投入自己的全副精力，歷盡各種苦難，一旦目標達到，再度回首重新回到自己原來的生活軌道時，生活便立即為無法忍耐的厭倦所環繞，各種活動都沉滯下來，唯有如火的熱情才能激起一些活意。」高貴的人在任何時代都是少數。他們人格的高貴體現在具有高貴的天性，精明的頭腦，樂觀的氣質，爽朗的精神，健康完善的體魄。一個具有高度心靈能力的人，「他思想豐富，生命充實而有意義，一旦得以自主，便立即獻身於從事有價值、有趣味對象的追求，所以在他自身裡含有最高貴的快樂源泉」。高貴者所過的是雙重的生活：私人生活和睿智的生活；睿智的生活是他的真正生活，而私人生活僅僅是達到睿智生活的手段而已。低賤者只有一種膚淺、空洞並且充滿煩擾的生活，永遠無法改變成另一種生存狀態。由此可見，叔本華對人格等級的劃分，是具有貴族化傾向的。

在叔本華對人和人格的看法中，還具有抬高內在、貶低外在，重視內心、輕視物質的傾向。他聲稱，「我在此所要堅持的真理，在於人類的幸福主要是根植於內在，這是與亞里斯多德在《尼可馬罕氏的倫理學》一書中的某些精確觀察相互印證的。」在叔本華看來，外在的一切，無論是功名利祿，還是及時行樂的感官享受，全都如同過眼雲煙，轉瞬即逝。唯有「自己才是長久伴隨我們的，在人生的各個階段裡，自己是唯一純正和持久幸福的源泉」，因為在這個充滿悲慘與痛苦的世界上，我們忙碌一生，到頭來卻是兩手空空，一無所得。所以，內心才是人們安身立命之地；內心越是充實，對外界的需求就越少，獲得快樂和幸福的機會就越多。這樣的人，就是具有極大睿智的天才，他們「把重心完全放在自己身上；所以此類人士雖然為數極少，不論性格如何優秀，總不會對朋友、家庭或社團顯出極大的熱情或興趣；他們只要有真正的自我，即使失去其他一切也無妨」。

在把人和人格的基礎奠定在天賦、天生的高低貴賤之別和安身立命的內心世界上面之後，叔本華便以此為出發點，來深入討論人的幸福與不幸、痛苦與厭倦。

在叔本華看來，幸福和快樂，絕不是來自於外在的條件和因素；它們的根源完全在人自己身上，在人的品格之中；只有具備優秀的人格，才可能獲得真正的幸福和快樂。

最能給人帶來直接快樂的，首先是「愉悅健全的精神」。之所以如此，全是由於個人的本性就是愉快而喜悅的，因為「美好的品格自身便是一種幸福」，並且它還可以彌補喪失了其他一切幸福之後所產生的缺憾。「事實上，『愉快』的本身便是直接的收穫——它不是銀行裡的支票，卻是換取幸福的現金；因為它可以使我們立刻獲得快樂，是我們人類所能得到的最大幸事，因為就我們的存在對當前來說，我們只不過是介於兩個永恆之間極短暫的一瞬而已。我們追尋幸福的最高目標就是如何保障相促進這種愉快的心情。」

雖然幸福源於內在的人格，不必向外去尋求，但是某些外在因素——例如健康的身體——是可以促進心情的愉快和幸福的。為此，保持身體的健康是必要的，既不能抑制自己，又不能放縱，應當有適度的日常運動，如戶外運動、冷水浴和遵守衛生原則等（順便說，這幾項恰好是叔本華長期堅持的），使體內的器官不停地操作。亞里斯多德說：「生命在於運動。」叔本華補充說道，「運動也的確是生命的本質。」

健康與人的精神狀態的好壞密切相關，同樣的事情，當我們身體好之時和身體不好之時，會有不同的感受和看法。所以，叔本華告訴我們：「一般說來，人的幸福十之八九有賴健康的身心。有了健康，每件事都是令人快樂的；失掉健康就失掉了快樂；即使其他的人具有偉大的心靈，快活樂觀的氣質，也曾因健康的喪失而豁然失色，甚至變質。」因此，為了別的一些東西而犧牲健康，是愚昧的表現。

但是，健康的身體無法改變憂鬱的性格，因為「憂鬱根源於更為內在的體質上，此種體質是無法改變的，它繫於一個人的敏感性和他的體力、生命力的一般關係中」。憂鬱的人往往很敏感，有的還會爆發週期性的無法抑制的快活，而天才大多具有這樣的憂鬱的性格。所以，天才即使身體健康，精神也未必愉快。

不同的個性，對成功與失敗、快樂與困苦、幸福與不幸，以至自殺的忍受程度和態度，是不一樣的。

人類幸福的敵人是痛苦和厭倦。「即使我們幸福得遠離了痛苦，我們便靠近了厭倦；若遠離了厭倦，我們便又會靠近痛苦。生命呈現著兩種狀態，那就是外在或客觀，內在或主觀，痛苦與厭倦在二狀態裡是對立的，所以生命本身可說是劇烈地在痛苦與厭倦二端中擺動，貧窮和困乏帶來痛苦；太得意時，人又生厭。」

我們對痛苦和厭倦的承受能力，取決於我們內心的「受容性」和「心靈能力」。「在內在或主觀的狀態中，對立的起因，是由於人的受容性與心靈能力成正比，而個人對痛苦的受容性，又與厭倦的受容性成反比。」那麼，如何避免厭倦呢？最好的方法就是增長自己的心靈財富。「人的心靈財富愈多，厭倦所占的地位就愈小。那永不竭盡的思考活動在錯綜複雜的自我，和包羅萬象的自然裡，尋找新的材料，從事新的組合，我們如此不斷鼓舞心靈，除了休息時刻以外，就再不會讓厭倦趁虛而入。」

這樣，智者和凡人尋求避免痛苦和厭倦的方式就大有區別，他們的生活狀況也因此有天壤之別。凡人擺脫痛苦之後，便害怕孤獨，立即不顧一切地用社交和娛樂消遣來驅趕孤獨，但他們卑下的性格依然不會改變，正如耶穌所說：「愚人的生活比地獄還糟。」智者擺脫痛苦和厭倦的方式卻是尋求安靜和閒暇，過著平靜和節儉的生活，減少與他人的接觸，其原因就在於「一個人內在所具備的愈多，求之於他人的愈小——他人能給自己的也愈少。所以，智慧越高，就越不合群」。

人為了獲得獨立自主和閒暇，就必須自願節制慾望，隨時養神養性，不受世俗喜好和外在世界的束縛。

在現實的生活中，我們時常會有過剩的精力，將這些過剩精力加以打發，是可以獲得快樂和幸福的。叔本華認為，打發過剩精力的方式有三種：一種是滿足「生命力」得來的快樂，如飲食、睡覺，這是典型的基本的快樂，是人人都需要的；第二種是滿足「體力」得來的快樂，如各種體育運動，有時也包括在戰場上騎馬打槍；第三種是滿足「怡情」得來的快樂，包括觀察、讀書、思考、文藝創作等腦力活動。

然而，這三種快樂是有等級之別的，等級取決於所運用的力量是否「高貴」。「我們所運用的力量愈是高貴，所獲得的快樂也就愈大；因為快樂的獲得，涉及自身力量的使用，而一連串快樂順利地一再顯現是構成人類幸福的主要因素，愈是高貴的力量，所帶來的快樂的再現性就愈高，所獲得的幸福也就更穩定。」按照這種標準，「怡情的快樂」便是最高級的，也是人所獨有的，也可以把它稱為「睿智的快樂」。

叔本華由此得出的結論是：「天生有充足睿智的人，是最幸福的人；所以主體因素同人的關係，比客觀環境更密切；因為不論客觀環境是什麼，它的影響總是間接的、次要的，且都是以主體為媒介。」

從人是什麼，到人格，再到人的幸福、快樂等等，我們發現，一向被人們稱為「悲觀大師」的叔本華，並不如很多人所說的那樣徹底地悲觀。他不是充分地肯定了人的快樂和幸福嗎？尤其是，他對心靈，以及由智慧所獲得的快樂的充分肯定和抬舉，對物質和苟且的感官快樂的輕視和否定，的確可以把我們的靈魂提高到純潔的高度。

再回過頭看一下我們的人生，便會發現他的一些看法的確是捕捉到了生活的真理。我們心靈之外的一切，確乎是漂浮不定和易逝的，倘若以它們作為寄託，豈不是如同把自己交付給了滔滔東去的流水，憑什麼在險惡的人世之中安身立命？

幸福與不幸，確乎決定於我們內心的素質和體驗，也繫乎精神和肉體的健全。塵世之中，有多少人金玉滿堂，錦衣玉食，揮金如土，又有多少人聲色犬馬，淫樂縱慾，還有多少人蠅營狗苟，在紅塵中打滾，可是，有幾人是真正幸福的？有幾人具有高貴的心靈？有幾人能免於行屍走肉的生存狀態？

是啊，這世界容得下數不清的凡夫俗子，就是容不下一個敢於說出人間真相的智者。

人性是什麼

人性是什麼，這也是一個撲朔迷離的問題。

無論是在東方，還是在西方，倫理學都一直在探討這一問題。人性是天生的，還是後天養成的？人性本善，還是人性本惡，抑或是兼而有之？這似乎成了傳統倫理學爭論的一個焦點。

看看叔本華的觀點，我們會注意到，他大多數時候談到的都是人性中醜惡的一面：貪婪、邪惡、自私、虛偽、弱肉強食等等。儘管他也提到了勇敢、節儉、公證、服從這一類美德，甚至還提到了中國人所尊崇的仁、義、禮、智、信，但他的討論告訴我們，他是相信人性本惡這一觀念的。

他的這類言論幾乎俯拾即是：

「即使最高尚的性格，有時候，也會因隔離的墮落腐敗的特性而使我們感到吃驚；好像它和人類是密切相關似的，而且殘酷——就是要在那種情形下發現的。因為，正由於他身上具有這種東西，具有這種邪惡原則，他才必然地成為人。」（《人生的智慧》，以下引自本書的原文不再註明）

「人根本是野蠻的，是可怕的野獸。只要我們看看我們所謂的文明如何馴服和約束他，就可以知道這一點。」

「每個人身上所具有的，首先是強烈的自我中心主義。這種自我中心主義以最大的自由突破公理和正義的約束，像日常生活小規模表示的以及歷史上各時期大規模表示的一樣。」

「每個人心胸中多少都有一些憎恨、憤怒、忌妒、怨恨和惡毒積在一起，就像毒蛇牙齒上的毒液一樣，並且，只等待發洩自己的機會，然後，便像不受約束的魔鬼一樣，咆哮狂怒。」

「事實上，在每個人的內心都藏有一頭野獸，只等待機會去咆哮狂怒，想把痛苦加在別人身上，或者說，如果別人對他有所妨礙的話，還要殺害別人。一切戰爭和戰鬥慾望，都是由此而來。」

至少從這些說法看來，說叔本華的憤世嫉俗達到了極點，是一點也不過分的。既然人照天性來說便是野獸，那麼我們仍在這世上生活，真的就像是生活在野獸群中了！

我們甚至還看到，他連「人的尊嚴」也不承認：「我覺得，尊嚴這個觀念，只能在一種諷刺意義下，用在一種像人類這種具有罪惡意志、有限智力而體質柔弱的東西身上。若人的觀念是一種罪行，人的誕生是懲罰，人的生命是勞苦而人的死亡是必然現象的話，人有什麼地方值得驕傲呢！」

如果承認人性在根本上就是邪惡的，那麼，它的根源又是什麼呢？

根源依然是那個無處不在的「意志」。在叔本華看來，道德範疇應當屬於意志的性質，而智慧則屬於理智的性質。物質世界的真理與心智和道德的真理，都是意志客體化的表現；但是，前者只涉及意志客體化的最低階段，後者是意志客體化的最高階段。在意志客體化的最高階段中，意志才顯示出它的最內在的本質。這等於說，心智和道德，是意志最內在本質的顯現；人性中邪惡的本質，同樣是意志最內在本質的顯現。因為，只有心智和道德真理，才享有「主觀內在意義」的特權。

例如，我們推測太陽的活動在赤道上產生熱電，產生地球磁場，地球磁場又產生北極光。如果我們把這種推測確立為真理，那麼這種真理從客觀外在的立場看意義很大，但從主觀內在立場看，卻沒有什麼意義。在另一方面，我們可以從許多偉大而真正的哲學體系中，從所有偉大的悲劇結局中，從對人類道德和不道德這兩種極端行為及其善良邪惡性格的觀察之中，找到主觀內在意義的實例。因為它們全部是同樣一個「實在」的不同表現，這個實在所具有的外表形態同客觀世界是一樣的，同時，在它們客觀化的最高階段申顯示出它最內在的本質。

意志，這個叔本華哲學的全部根基，就是道德意義產生的最終根源；它不僅使生命現象、人性顯示出道德意義，也使物質世界顯示出道德意義，並且能夠讓我們確確實實地感受到這種意義的顯現。

然而，道德意義的顯現和確實感受到這種顯現是一回事，解釋和說明道德意義，以及它與現實世界之間的關係，卻是另一回事。這個道理就像我們人人都能思考，但卻難以解釋清楚什麼是思考和為什麼要思考的道理一樣。

叔本華承認這個解釋工作是極其艱鉅的，但是，「我不怕我的理論會被任何其他理論取代或推翻」。他的這份自信，不僅是有他的意志哲學作為基礎和後盾，更重要的是，他相信，「道德方面的現實情況，很多都能證明我的看法」。其實，從真實的生活狀況出發，而不是從概念到概念、從理論體系到理論體系，是叔本華的哲學區別於此前的哲學的最大特點。

討論道德問題的起點在哪裡？

叔本華推崇東方佛教在這個問題上的做法，認為佛教對此持有較深刻的見解，即「從根本罪惡出發，而不從根本德行出發」，原因在於「德行之出現，只是作為罪惡的相反事物或否定」。他以東方佛教作為參照，批駁了柏拉圖所尊崇的正義、勇敢、自制和智慧等美德，認為柏拉圖的做法「並非基於任何明確觀念，而是基於一些膚淺甚至顯然錯誤的理由而選擇的」。

智慧屬於理智的範圍，與屬於意志範圍的道德無關。自制則是一個非常不確定而含混的名詞，可以有不同的用法。勇敢根本算不上是德行，有時它是實現德行的工具，有時它會成為卑鄙的僕人。

在叔本華看來，人類的美德和惡德的劃分，是由我們對他人是同情還是妒忌的基本傾向決定的。「每個人都具有這兩種完全相反的性質；因為這些性質產生於人在自己命運和他人命運之間所作的無可避免的比較。依這種比較結果對他個性的影響如何，決定他採取哪一種性質作為自己行動的原則。嫉妒在人與人之間，在你與我之間，建立起一道堅厚的牆；同情則使這道牆變鬆變薄；有時候，甚至徹底把它推倒；於是，自我與非我之間的區別便消失了。」

除了對柏拉圖和流行的智慧、節制、勇敢等觀念的駁斥外，叔本華著重考察了人性中惡的一面——貪慾、虛偽、殘忍、自私、嫉妒，依次對它們進行了剖析。

關於貪慾，他認為，它在惡德中的地位尚無定論，並且與「貪婪」不是一回事。貪慾並不是一種惡德，倒是與之相反的奢侈浪費才是一種惡德。奢侈浪費只顧目前肉慾的享受，以為感官逸樂具有積極性或實際價值。但在實際上，「奢侈浪費不但帶來貧窮，而且會導致犯罪；在有錢階級中，犯罪幾乎總是奢侈浪費的結果。」貪慾所帶來的是餘裕，這是誰都歡迎的。「如果一種惡德能產生良好結果，這種惡德一定是好的惡德。貪慾之產生，基於一個原則，就是認為一切快樂在效用上只是消極性的，而包含一連串快樂的幸福則是幻想；相反的，痛苦卻是積極性的，也是極端真實的。」所以，有貪慾的人總是更多地從痛苦著眼，牢記容忍和自制，處處小心謹慎，積攢和看守著財富。一個守財奴之所以比一個奢侈浪費者好，是守財奴不會害及別人，別人反而在貧窮時或者守財奴死了時能從他那裡得到接濟或遺產的好處。

從另一個方面看，貪慾又是一切罪惡的根源，比如肉體的快樂能夠引誘人犯罪。不過，隨著人追求肉體快樂的能力喪失之後，肉慾便轉化為貪慾，肉慾以愛財的方式重新復活。因此，「貪慾是老年人的惡德，正如奢侈浪費是年輕人的惡德一樣。」

貪慾本身具有的這種兩重性，經常同時出現，其結果是兩個方面互相得到好處。「一個沒有智慧的人，易於表示出自己的不義、卑鄙和惡毒，可是，一個聰明的人，則知道如何掩飾這些性質。」由於人和人之間有很大的差別，這種兩重性的表現就很不一樣。

對於人性的虛偽，叔本華幾乎是不遺餘力地痛加譴責。在他的眼中，偽裝、欺騙、虛偽、藉口等等，就像一張巨大的幕布，遮蓋在世間的一切事物之上，「要顯示出這世界的真正坦誠是多麼的少！而在一切道德的外衣後面，在最內在的深處，是如何地常常隱藏著不義邪惡！正因為這個理由，才使許多好人與禽獸為伍：因為，如果沒有狗類可以讓人類毫無不信地看著它們忠誠的臉面，一個人怎能擺脫人類無窮的假裝、虛偽和惡毒呢？」「我們文明世界除了一大偽裝以外，還有什麼東西呢？」他認為，文明世界中的各色人物，從士兵、僧侶，到學者、律師、哲學家等等，全都戴著假面具，而在假面具背後的真實心思，卻是為了自己的私利。

在叔本華看來，人們最喜歡的面具包括：正直的行為、誠實、禮貌、真摯的同情心、微笑的友誼。這些面具通常是商業的偽裝。「在這方面，只有商人才形成坦誠階級。他們是唯一把自己本來面目暴露出來的人；所以，他們來來去去，根本沒有任何面具，因而社會地位也低。」

顯而易見，叔本華對商人的特殊偏愛（不要忘了，叔本華出身於商人之家，他本人也自幼受到商業的薰陶）同生活中商人的真實狀況不相吻合。情況同他所說的正好相反，商人所擁有的假面具一點不比其他人少，甚至可能是最多的之一，如同咱們的古話所說：無商不奸。

雖然如此，當我們讀到叔本華所揭露的這個虛偽世界的真面目時，我們仍然會對他的表述感到驚訝：「即使年輕人，也應該及早告訴他，使他知道，在這個偽裝的世界裡，蘋果是蠟製的，鮮花是絲製的，魚是紙板製的，一切東西——是的，一切東西——都是玩具和沒有價值之物；他可能看到的兩個從事交易的人，一個手拿假貨來賣，而另一個用偽鈔來付價款。」照這種情形看，大概人類的虛偽是難以根除的了。

叔本華認為，更為嚴重的是人類本性的殘忍：「人根本是野蠻的，是可怕的野獸。」在平時，由於有法律的「鐵鍊」的約束，我們才有所收斂；但一旦這條鐵鍊和秩序鬆弛下來，我們的殘忍和野蠻就會爆發出來。在這方面，叔本華懷著義憤舉出了歷史上真實的事例來加以證明，而其中他認為最典型的事例，莫過於販賣黑奴的殘酷情景：「如果你讀到這些披上人類外衣的惡魔，那些固執成見、上教堂、守安息日的惡棍——尤其是英國國教教士——對付那些落入他們殘酷控制之下的無辜黑種兄弟的方式，那麼，上面所述的情形，就微不足道了。」叔本華在這裡所表現出來的義憤，肯定不遜於法國作家梅里美在《塔曼戈》、美國作家斯陀夫人在《湯姆叔叔的小屋》中所表現出來的對黑人的深切同情，和對殖民主義者的強烈憤慨。不知道那些對叔本華懷有強烈偏見的人，在讀了這些文字後，有何感想？

那麼，這種「確實屬於人類犯罪記錄上最悲慘的一頁」的情形，是由什麼造成的？叔本華的回答是：「這是人類內在固有的天性。每個人身上所具有的，首先是強烈的自我中心主義」；自我中心主義同聚集在人心中的其它邪惡本性一起，隨時都在尋找大大小小的機會發洩出來，然後，人們會盡其所能地把它們的能量加以擴大，尤其是在遇到了阻礙之時。「人使別人痛苦，沒有旁的目的，只是為了使別人痛苦。」

在叔本華看來，人的殘忍已遠遠超過了所有的動物，因為「其他動物，除了滿足自己饑餓或在悍鬥中以外，決不會如此的……老虎殺死它的犧牲者，只是為了吃它……沒有一個動物，只為折磨而折磨另一動物，但人卻如此，正是這種情形，構成了人類性格中的殘忍特質，這種殘忍特質比純粹獸性更壞」。我們只需要稍稍回憶一下人類用自己的才智所發明創造的各種酷刑（如炮烙、金瓜擊頂、蠆盆、刖刑、劓刑、墨刑、宮刑、五馬分屍、臼刑、鞭屍、火刑柱、斷頭台……），便會相信，叔本華的說法，絕對沒有絲毫誇張！

人類運用智慧來擴大和加深殘忍，在叔本華看來是人性的根本邪惡的表現；用使他人痛苦的方式來減輕自己的痛苦，是生命意志的表現；只有當惡行是生命意志的顯現時，才是真正的殘忍和惡毒；與殘忍相近的，是對他人的不幸遭遇幸災樂禍。

叔本華認為，嫉妒也是一種不好的感情，但卻可加以解釋。「一般地說，嫉妒是一種非常合乎人情的品質；而幸災樂禍心理則是殘酷可怕的。幸災樂禍所帶來的笑罵，簡直是來自地獄的笑聲。」嫉妒之心，人皆有之。但是，嫉妒卻有兩種不同的情況，正如貪慾也有兩種不同的情況一樣。

倘若嫉妒的產生「只是由於財富、地位或權力，那麼，這種嫉妒常常可以被一種自私心理所壓倒。這種心理以為，只要有機會，便有希望從那被嫉妒者得到幫助、快樂、支持、保護、改進等等，或者以為，和優於自己的人接觸，至少可以從他身上反射出來的光彩中得到光榮；這裡，還有一個希望，就是，也許有一天自己會獲得這些益處。」

另一種嫉妒則不同，它的對象是「天賦的才能或個人的優點，如女人的美麗或男人的智慧，便沒有任何安慰或希望；因此，便只有痛恨那享有這些優點的人；於是，唯一的希望是報復他」。在這種情況下，嫉妒總與憎恨相聯，並且這種憎恨不敢公開表露出來，便隱藏在暗處，借助陰謀詭計來發洩憎恨，進行報復。

由於有這兩種不同的嫉妒，所以叔本華告誡我們：「我們最好先看清楚嫉妒到底是怎麼一回事；我們應該對它加以研究，去發現它的秘密，因為它無所不在，並且潛伏在暗中；或者，正如我以前所說的，像一隻藏在黑暗角落裡的有毒蟾蜍。它既不值得寬恕，也不值得同情；但是，由於我們永遠無法調和它，所以，我們的行為規範是應該蔑視它，同時，由於我們的幸福和榮譽，對它來說，是一種桎梏，所以，我們樂於蔑視它。」

至此，叔本華已考察了人性邪惡和惡德的主要方面。他所留給我們的深刻感觸是，他洞悉了人性中最複雜、最隱秘、最醜惡的方面，將它們揭示出來，赤棵裸地展現在我們面前，讓我們看個究竟。並且，他絲毫不隱瞞自己的觀點，鮮明地表達了對邪惡的憎恨和對正義的伸張。他不是道德上的理想主義者，而是邪惡人性的揭露者和批判者。我們還看到，在他對世界、人、人性、人生的悲觀態度中，實際上包含有一種令人心震撼的憂患意識。此外，我們也看到，他始終保持著驚人的坦率和真誠。無論我們是否同意他的觀點，上述這些與眾不同之處，卻是我們不得不承認的。

回到開頭我們提到的「認識你自己」這個古老的神諭上。我們是否對人性有了與先前不同的看法了呢？在目睹了人性的邪惡之後，再看看人生的不幸，我們的頭腦一定還會清醒許多。正如叔本華告訴我們的：「我們將會發現，人生的不幸和人類的邪惡彼此相互影響。我們將感到事物的永久正義公理；因為我們將認識到，世界本身就是對它的最後審判，而我們也將開始瞭解為什麼凡是有生命的東西必須接受生存的懲罰，最先是活著的時候，然後是死亡的時候。因此，懲罰的不幸和罪惡的不幸是一致的。從同樣的觀點來看，我們對生活中經常使自己感到厭惡的極大多數人們所具有的那種智慧，失去憤慨了。」

這些話，足以讓我們長久沉思人生的意義。

人生的空虛和煩惱

英國文豪莎士比亞在《哈姆雷特》中借主人公之口說：「生存，還是毀滅，這是一個問題。」

中國古代的詩人說：「對酒當歌，人生幾何？」「高堂明鏡悲白髮，朝如青絲暮成雪。」

人生，對我們每個活著的人來說，依然是一個巨大的謎。人與動物的一個區別在於：動物僅僅是活著，並無活著的意識；人不僅活著，還要追問為什麼活著，活著的意義是什麼。甚至，人類經常可能是先追問活著的意義，然後為這意義而活著，就這一點，我們可以說，人是一種追尋意義的動物。

叔本華如何看這個問題？

他告訴我們：人認識自己的存在有兩種方式。一種是憑藉經驗知覺，在時空無限的世界裡去感受自己作為不斷更新的、千百萬同類中的一個；另一種是通過發掘自己的本性而認識自己的真正生命，並從別人身上發現認識自己存在的鏡子。

前一種方式只能把握到現象（表象），而現象只是意志個體化原理的結果；第二種方式使人直接認識到自己就是「自在之物」，即意志。意志既然是世界萬物的本質，生命現象當然也不例外，所以意志也被稱為生命意志，生命現象是意志發展的結果和表現——無論是最低等的生命，還是最高等的生命，都是如此。

叔本華從意志哲學出發來考察人生，得出的第一個結論便是：人的存在，人生，就是苦惱！何以見得？

據叔本華看來，因為意志（生存意志）始終處在不斷的發展變化之中；它沒有開始，沒有目的，也沒有終點；它可能受到阻礙，但是不會停止發展。所以，意志就代表著無窮無盡的慾求，永無止境，永無窮期。它「是一切事物的核心和本質，是人類接受最明晰、最完全的意識之光所呈現的東西」。（《愛與生的苦惱》，以下引自此書的原文不再註明。）

由此來看，人生的苦惱，就是意志的慾求受到了阻礙，無法滿足；與此相反的幸福，則是慾求得到了滿足。一切的慾求都是從困乏和對本身處境的不滿產生的；只要有不滿足，就有苦惱。慾求沒有窮期，一種慾求滿足了，又會成為新的慾求的起點，因此，人生的苦惱也沒有窮期，始終伴隨著慾求而存在。

不僅如此。由於人是意志客體化的最高階段，具有意識、理智和智慧，意志的表現較之其它的生物更充分、更完善，能夠認識到生命意志的無窮慾求和人生的苦惱，因此便有了痛苦。「認識愈明晰，意識愈高，痛苦也跟著增加，到了人類乃達於極點。尤其是，當一個人的認識愈明晰，智慧愈增，他的痛苦也愈多，身為天才的人，他便有最多的苦惱。」

叔本華用意志哲學來考察人生而得出的第二個結論是：人生是空虛的。

叔本華認為，人生之所以是空虛的，是由於人作為意志客體化的表現，作為個體，總是有限的。個體進入茫茫空間和漫漫時間之中，以有限的存在同無限的時間和空間相比，幾乎近於「無」。同時，由於時間和空間的無限，人類個體存在的「時間」和「地點」就不是絕對的，而是相對的，所以存在的時間和地點僅僅是無窮無盡之中的一個小點而已。

人真正的存在只有「現在」。「『現在』不受阻礙地向『過去』疾馳而去，一步步移向死亡，一個個前仆後繼地被死神召去。他『過去』的生命對於『現在』遺留下什麼結果，或者，他的意志在這裡表現出什麼證據，這些都是另一回事，一切都已消逝、死滅，什麼都談不上了。因此，對於個體而言，其『過去』的內容是痛苦抑或快樂，這些都是無足輕重的問題。但是，『現在』往往一轉眼即成過去，『未來』又茫然不可知，所以，個體的存在從形式方面來看，是不斷地被埋葬在死亡的過去中，是一連串的死亡。」

如此看來，叔本華的觀點真是應了咱們中國人的那句老話：「人生如夢，轉眼就是百年。」在無限流逝的時間中，生命、事物的一切變化，只不過是形式的變化而已——從一種形式轉變為另一種形式，沒有哪種存在形式可以永恆；唯一永恆的，只有「生命意志」。生命意志所代表的，是無窮無盡的慾求、苦惱、痛苦，一切人類的努力到頭來一無結果，全部化為烏有，歸於空無。在我們看來，對生存和人生意義的這種理解，幾乎同東方佛教對此問題的理解沒有什麼差別：人生受慾望驅使，人生就是痛苦，人生就是虛無。這就是生的意義和價值——人生原本就沒有意義和價值，沒有意義和價值就是一種意義和價值。

我們作為一種生命形式來到這世上，完全是偶然的，不由自主的；轉眼間這生命又歸於消滅、不存在、虛無。我們在一生中做了數不清的事，曾經擁有過；但是，在流逝的時間和動盪不安的世界上，又留下了什麼？不過是「曾經擁有過」這句自我安撫的話而已。我們每天忙碌之後午夜靜思，為什麼忙碌，忙碌的結果又是什麼？結果什麼也不是，只有「忙碌」和「空虛」的感歎而已。佛家講「色」（有，存在）和「空」（無，不存在），認為「色」即是「空」，一切的有，最終都歸之於無，能夠覺悟到這一層，便算是達到了高層次的「悟」的境界了。

讀叔本華對生存意義的理解，真可以讓我們感到他在這方面大大受益於印度哲學，能得東方生命哲學的神髓。

人生之中，只有「現在」、「此刻」才是真實的，其他的一切不過是過眼雲煙。生存除了「現在」不斷地消失之外，再也沒有什麼可以成為安身立命的基礎。生命確乎處在不斷的運動之中，而這運動的動力主要受著饑餓和性慾的驅遣，饑餓和性慾代表著意志盲目的、不可遏制的慾求，但到頭來卻是以「無」而結束。

人的一生，在無窮慾求的推動下維持自己的生存，時常充滿各種憂慮和苦惱。與此同時，他還得不時保持戒備，提防著來自四方八面的對生存的威脅，事實上在他四周也充滿著這種威脅。他小心翼翼，如履薄冰，沒有一刻有安全感。他隨時都在為生存而戰鬥，支撐著他進行生存戰鬥的，與其說是對生命的熱愛，不如說是對死亡的恐懼。「無可避免的死亡如影隨形地站在他們背後，不知何時會逼近身來。——人生有如充滿暗礁和漩渦的大海，雖然人類曾小心翼翼地加以迴避，然而即使用盡手段和努力，幸能航行，人們也知道他們正一步步地接近遇難失事的時刻和地點。儘管如此，他們的船仍然朝這方面駛來。那是人生航程的最後目標，是無可避免亦無可挽救的整體性破滅——死亡；對任何人而言，它比從前所迴避的一切暗礁都更險惡。」

人們可以為驅散苦惱和痛苦而不斷努力，而結果則是苦惱和痛苦變換了一種形式，因為要消除它們是極其困難的，即使有幸能夠消除，它們馬上便會以無數其它的形式呈現出來，其內容則因人們的年齡和境況的不同而有差異，例如性慾、愛情、嫉妒、憎恨、抱怨、野心、貪婪、病痛等等。如果這些痛苦不能轉化為其它形式而出現，便會換上厭倦的外衣出現。因此，人生總在痛苦和厭倦之間來回搖擺；奮鬥、努力固然可以獲得一些當下的、短暫的效果，最終仍免不了痛苦和厭倦。舊的痛苦剛從前門被趕走，新的痛苦立刻從後門溜了進來。

痛苦和苦惱既然產生於生命意志的慾求，它們就不是來自外部世界的，因此，外部因素是無法影響和改變我們的苦惱與痛苦的。所以，在現實生活中，我們常常會誤認為苦惱和痛苦是來自某種外在因素，因而感到意氣消沉，以至認為如果能將其消除，便可以獲得解脫。

叔本華告訴我們：這是一種妄想！「根據我的假設，我們的痛苦和幸福的份量，是整體性的，任何時刻都由主觀所決定，憂鬱的外在動機和它的關係，正如分佈全身的毒瘤膿瘡與身體的關係一般，因為它已在我們的本質中紮根。驅逐不去的痛苦，一旦缺乏某種苦惱的外在原因，就會分散成數百個小點，以數百個細碎煩瑣或憂慮的姿態呈現；但當時我們一點也感覺不出來，因為我們的痛苦容量，已經被『集分散的煩惱於一點』的主要災禍所填滿了。如此，一件重大而焦急的憂慮剛從胸中移去，另一個苦惱立刻接替了它的位置，全部痛苦的原料早已準備在那兒，之所以尚未進入意識之中成為憂慮，是因為那兒還沒有餘地一齊容納它們，暫時成為假寐的狀態，停留在意識界限的末端。然而，現在場所已敞開，這已準備停當的材料就乘虛而入，佔據了那支配一天的憂愁王座。」

就個體的人而言，他的整個一生所表現出來的顯著特徵，都表明是一場悲劇，這是根本的，無法改變的。但是，從生存的細節來看，又帶有喜劇性質，這是次要的。「如果我們把每天的辛勞活動、每瞬間的嘲弄、每週的願望和恐怖、每一時刻的不幸，都當做『偶然』的戲弄的話，實不外就是喜劇的場面。但，永遠無法滿足的慾望、徒勞無功的努力、被殘酷的命運踐踏的希望、苦惱增殖到最後亦難逃一死的生之迷惑等，這些通常都屬悲劇。」因此，人生的苦惱與空虛，實在就是一場悲劇，雖然我們有時免不了要扮演愚蠢的喜劇角色。

我們通常把慾望的滿足看作是一種幸福，但是，叔本華從人生的悲劇性質來看，卻把幸福看成是消極性的東西，而非積極性的，因為「自然本來就無意賜予我們幸福，不為一個願望的達成而感滿足。因為願望雖是一切快樂的先導條件，但願望的產生卻出於『缺乏』。並且，願望獲得滿足後，即告消失，因而快樂亦隨之俱滅。故此，所謂滿足或幸福，也不可能免於痛苦（即窮困）以外的其它狀態」。幸福僅僅是一次慾求的滿足，但是不能一勞永逸地解決慾求的問題。

叔本華認為，從理論上說，人生有三種極端的要素：一種是強烈的熱情，激烈的意慾，它們表現在歷史上的偉大人物身上，以及敘事詩和戲劇中常常描繪的；一種是純粹的認識，理念的把握，它以認識力擺脫意志的羈絆為前提，這便是天才的生活；最後一種是意志和認識全部處於昏睡的狀態，空虛的憧憬，以及使生命麻痺的倦怠。大多數人都不可能停留在其中的某一個極端，而只能向一個極端靠近，需求其中的很少一點東西，以避免厭倦，如此周而復始地重複著。他們終其一生，外在的生活空虛而沒有意義，內在的生活又愚蠢而不自覺，像一個夢遊症患者，帶著縹緲的憧憬和痛苦，蹣跚地度過一生。他們也像鐘錶，發條上緊之後，就不知原因地搖擺起來；從他們呱呱墜地之時起，人生鐘錶的發條就開始擰緊，從此一個節拍一個節拍地重複著單調的變化。因此，「不論任何個體或任何人，他的一生只是綿延無限的種族之靈頑固求生意志中的一場夢而已」。

原來，人生豈止是一場夢幻，居然也如鐘錶一般機械、無聊！一個個生靈，如同沒有靈魂、沒有思想的物體、機器零件！這樣的人生不是膩味透頂、無意義到極點了嗎？

可是，人們在應付人生的各種不幸、悲哀、勞作、爭鬥、痛苦之時還不滿足，還要製造各種迷信和偶像，對鬼神、神明、聖者頂禮膜拜，被自己製造的幻影所迷惑。這在叔本華看來，也是可笑的和愚昧的。當災難或危險發生之時，我們不是用寶貴的時間和精力去救助，而是用徒勞的祈禱和浪費祭品去乞憐於神明。所有的迷信，都是人們借助與虛幻的神靈世界的想像性交往，來滿足自己對消遣和工作的需要。這正是人類的二重要求（另一種是對救助和保護的要求）的表現。

總而言之，人生在根本上是不適合於真正的幸福的，對人生的樂觀主義是荒謬可笑和毫無理由的；人生充滿著不可避免的痛苦、苦惱、空虛和無聊，活著是如同機械一般沒有意義的，人生的一切努力、鬥爭和慾求，全都是迷誤。因此，「我們一定要把人類的生存當做是一種懲罰，一種贖罪的行為，唯有如此，才能正確地觀察世相」。

如此這般，考察人生所得的結論，就會是：「不存在勝於存在。」這樣，《哈姆雷特》中的那個疑問「生存，還是毀滅」，就已經不是問題了。叔本華還援引拜倫的詩來作證：

我們的生存是虛偽的，
殘酷的宿命，註定萬事不得調和；
難以洗脫的罪惡污點，
像一棵龐大無比的毒樹——使一切枯萎的樹木，
地面是它的根，天空是它的枝和葉，

把露珠一般的疾病之雨灑落在人們身上；
放眼到處是苦惱——疾病、死亡、束縛，
更有眼睛所看不到的苦惱，
它們經常以新的憂愁填滿那無可解救的心靈。

痛苦的解脫

莫非人生真的就像是無邊的苦海，沒有解脫之途了嗎？苦海茫茫，何處是盡頭，何處是回頭醒悟之處？

叔本華對此問題的回答是肯定的：人生的苦海是有盡頭的，及時地醒悟是能夠做到的。擺脫人生的空虛、無聊、苦惱、痛苦的途徑是存在的，一言以蔽之，唯有禁慾，才是解脫的途徑。

這個結論簡單明瞭，可是它所包含的道理卻不那麼簡單。

我們在前面已經看到，人生的痛苦、煩惱等等，都是由作為世界本質的意志造成的。痛苦等等之所以與我們如影相隨，就在於我們人類同世上的一切事物一樣，都是意志的表現，而意志在本質上又是不可遏制的盲目的慾望衝動。明白了這個道理之後，問題就明瞭了：要徹底解脫痛苦，非得從根本上下手，即否定意志（生命意志）。這就好比治病，要想徹底把病治好，就不能頭痛醫頭，腳痛醫腳，治標不治本；要找準病根，從根本上下手，斬草除根，才能真正解決問題。

在叔本華的用語中，對生命意志的否定，也叫做「徹底的清心寡慾」，或者叫「神聖性的東西」，也就是我們所說的禁慾。

他在如下一段話中，集中表述了他對否定生命意志（禁慾）的看法：

生命意志之否定，亦即人們稱為徹底的清心寡慾或神聖性的東西，經常總是從意志的清靜劑中產生的；而這清靜劑就是對於意志的內在矛盾及其本質上的虛無性的認識。〔至於〕這種矛盾和虛無，則是在一切有生之物的痛苦中表現出來的。我們論述過的兩條道路的區別就在於喚起這種認識的〔原因〕究竟只是純粹被認識到的痛苦。借看穿個體化原理而自願以之為自己的痛苦，還是自己本人直接感受到的痛苦。沒有徹底的意志之否定，真正的得救，解脫生命和痛苦，都是不能想像的。在真正解脫之前，任何人都不是別的，而是這意志的自身。這意志的現象卻是一種在幻滅中的存在，是一種永遠空無所有，永不遂意的掙扎努力，是上述充滿痛苦的世界；而所有一切人都無可挽回她以同一方式屬於這一世界。這是因為我們在上面已看到，生命總是生命意志所固有的，而生命僅有的，真正的形式則是「現在」。這一形式，〔因〕現象中既然還有生和死起支配作用，〔所以〕是上述一切人永遠擺脫不了的。（《作為意志和表象的世界》，以下出自本書的原文不再註明）

這段話幾乎概括了叔本華在生命本質和禁慾問題上的全部觀點。禁慾的前提，是認識到意志的內在矛盾和意志在本質上的虛無性，然後才可能走上禁慾之路。認識的方式或者是看穿意志個體化的原理，或者是直接感受到痛苦。

但是，認識到意志的本質，並不是一件輕而易舉的事，換言之，並非人人都能認識到意志的本質。比如，利己主義者就難以認識到意志的本質。他們侷限於個體化原理，被「摩耶之幕」（即掩蓋真實世界的帷幕）所蒙蔽，被希望的誘惑、眼前的迷人、享受的甜蜜、在痛苦世界中的呻吟、在偶然和錯誤支配下所分享的安樂等拖回到現象的騙局之中，意志被花樣翻新的動機不斷推動，因而只認識到個別事物和這些事物對他本人的關係，這樣就始終擺脫不了由意志所產生的痛苦的緊緊糾纏。正如耶穌所說的：「富人進入天國比駱駝穿過針眼還要難些。」

因此，在叔本華看來，認識到意志的本質，看穿個體化原理，作為走上禁慾之路、解脫痛苦的頭一步，具有非同尋常的意義。

當一個人真正撩開了「摩耶之幕」，他就不再在他人和自我之間作出自私自利的區別，而會去關心其他個體的痛苦，就像關心自己的痛苦一樣。「因此他就不僅是在最高程度上樂於助人而已，而且是準備著犧牲自己的個體，只要一旦可以由此而拯救其他一些個體的話。於是這樣一個人，他在一切事物中都看到自己最內在的，真實的自我，就會自然而然把一切有生之物的無窮痛苦看作自己的痛苦，也必然要把全世界的創痛作為自己所有的〔創痛〕。對於他，已再沒有一個痛苦是不相干的了。別人的一切痛苦煩惱……在他眼裡的已不再是他本人身上更替起伏的苦和樂……因為看穿了個體化原理，對待所有的一切都是同等的關切。他認識到整體大全，體會了這整體的本質而發現這本質永在不斷的生滅中，在無意義的衝動中，在內在的矛盾和常駐的痛苦中；不管他向哪兒看，他都是看到這受苦的人類，受苦的動物界，和一個在消逝中的世界。但是現在他關心這一切，正如利己主義者只關心他自己本人一樣。」

那麼，能夠做到這一切的人有哪些呢？有《聖經》和印度佛教中所說的聖者，禁慾主義者。他們都懷有偉大而高貴的心靈，叔本華感慨地說：「每一緬懷這高貴而偉大的心靈，我心裡總是充滿敬意。」但是，哲學家們卻不包括在內。聖者和禁慾主義者憑直觀認識到意志的本質，看穿個體化原理，而後採取行動；哲學家們僅僅是把聖者和禁慾主義者所認識到的真理「納入抽象的知識，納入反省的思維……在此以外，哲學家不應再搞什麼，也不能再搞什麼」。

一切聖者和禁慾主義者都是直接認識到對生命意志的否定，並且通過行動來表示的。「一個聖者可以有滿腦子最荒唐的迷信……唯有他以行動才顯示他是聖者」，因為他以行動表達了對真理的認識，而他用教條來作的解釋則是另一回事。解釋是哲學家的事，行動則是聖者的事，所以，「一個聖者不必一定是哲學家，同時一個哲學家也不必一定是聖者；這和一個透頂俊美的人不必是偉大的雕刻家，偉大的雕刻家不必是一個俊美的人，是同一個道理」。

當一個人看穿個體化原理，認識到自在之物（意志）的本質從而認識到整體大全之後，他就會毅然跳出人生這個「灼熱的紅炭所構成的圓形軌道」；他的意志就會掉過頭來，不再肯定它自己的、反映在現象中的本質，而是否定這個本質。

標誌著這一轉變的現象，就是從美德向禁慾的過渡。這時，「這個人不再滿足於愛人如己，為人謀有如為己謀〔等等〕，而是在他〔心裡〕產生一種強烈的厭惡，厭惡他自己這現象所表現的本質，厭惡生命意志，厭惡被認作充滿煩惱的這世界的核心和本質。因此，他正是否認這顯現於他身上的，由他的身體便已表現出來的本質，而他的行動現在就來懲罰他這現象哄騙〔人〕，和這現象公開決裂。」

聖者們和禁慾主義者們，就是這樣走上了解脫人生痛苦的禁慾之路。

叔本華把解脫人生痛苦的禁慾之路分為三條：自願放棄性慾；自願甘於痛苦；以死亡作為解脫。

為什麼要自願放棄性慾？因為，在叔本華看來，性衝動是生命意志最堅決的表現。性慾的滿足，等於延長了個體有限的生存時間，等於把生命的存在肯定到死亡之後，一直到無限期，結果新的生命又猶如一個上緊了發條的「人生鐘錶」，重新開始生命的痛苦歷程。如此循環不已，性慾的滿足就像寫給生命的一張「賣身契」。因此，自願放棄性慾，就成了否定生命意志的頭一步。

性衝動是生命意志通過性器官表現出來的，「自願的、徹底的不近女色……否定了超出個體生命的意志之肯定，且由此預示著意志將隨這身體的生命一同終止，而這身體就是這意志的顯現」。

為什麼要自願甘於痛苦？因為痛苦是一個「淨化爐」，人只有在痛苦的爐火中經受不斷的煎熬，一直到感到絕望，從而轉向內心世界，冥思苦想，認識到自己和世界，達到超脫一切痛苦的神聖境界。為了達到這個境界，就要不斷懺悔，不斷自苦，以抑制和降低意志，直至滅絕意志；把意志看作是萬惡之源，從而對它深惡痛絕。

自願甘於痛苦，是要求禁慾者自願，並且故意造成痛苦。「這種貧苦不是偶然產生的，因為〔在這裡〕財產是為了減輕別人的痛苦而散盡了的。在這裡貧窮自身即目的，是用以經常壓制意志，以便不使願望的滿足，生活的甜蜜又來激動意志，〔因為〕自我認識對於這意志已懷著深惡痛絕〔之心〕了。」禁慾者用強制的辦法迫使自己不去做很想做的事，但不反對別人去做；他歡迎任何外來的、由別人惡意加給他的痛苦；他會欣然接受任何損失、任何羞辱、任何欺凌；他能以無限的耐心和柔順來承受羞辱和痛苦，毫無矯情地以德報怨；他既不讓憤怒之火，也不讓貪慾之火重新再燃燒起來；他要抑制意志的可見性、意志的客體性，也就是抑制他的肉身；他要採取齋戒絕食的措施，甚至採取自鞭自苦的辦法。這樣，用經常的窮困生活和痛苦來逐步降服和滅絕意志。

為什麼要以死亡作為對痛苦的解脫？因為自願死亡可以達到徹底絕慾的目的，達到不可動搖的寧靜和寂滅中的極樂。並且，這種死必須是絕食而死，因為一個真正清心寡慾的禁慾主義者是在完全中斷了慾求，否定了生命意志之後，才採取這一行動。因此，絕食而死就成了禁慾最高潮的死亡之歌。

「如果死亡終於到來而解散了意志的這一個現象，那麼，死，作為渴望的解脫，就是極受歡迎而被欣然接受的了。在這裡和別的人不同，隨著死亡告終的不僅只是現象，而且是那本質自身也取消了。〔在未死前〕本質在這現象中，由於這現象，還有著一種只是微弱的生存；現在〔在死到來時〕卻是這根最後的，已腐朽的紐帶也拉斷了。對於這樣結局的人，這世界也同時告終了。」

至此，禁慾的「三部曲」算是完成了。那麼，否定意志的結果，對聖者們和禁慾主義者們意味著什麼？至少，絕大多數既非聖者，又非禁慾主義者的平凡人，是希望瞭解這個問題的。哲學家們既然是解釋者，就應當擔負起向大眾凡人解釋的任務，以便啟迪他們萬一認識到了意志空虛的本質，看穿了個體化原理之後，好採取行動走上禁慾之路。

哲學家叔本華告訴我們，具有高貴心靈的聖者和禁慾主義者，只能在行為和事蹟中完整地表現出對意志的否定，哲學家的描寫是概括的和抽象的；為了充分理解哲學上所說的對生命意志的否定，還得要從經驗和實際中找到一些熟悉的範例。但是，人們在日常經歷中很難碰到這樣的事例，因為斯賓諾莎說過，「一切卓越的東西既難能又稀少」，因此就只能以這些卓越人物的傳記來滿足理解的需要，這類傳記包括印度古代文獻中聖者們、懺悔者們的生活記述，基督教當中的使徒傳，聖者傳，以及像斯賓諾莎、歌德這些偉大人物的某些著作中的記述等等。他還具體地列出了一些傳記的名目，並結合基督教、印度教和佛教的教義來進行說明。

例如，他認為，基督教的倫理不僅是導向「最高度的博愛」，而且也導向克制慾求。比如教義中所說的愛你的鄰人要像愛自己一樣；要行善，以德報怨，以愛報怨；要忍耐，柔順，忍受各種可能的侮辱而不反抗；飲食要節儉以抑制佚蕩，要抗拒性衝動，如果可能就完全戒色等等。印度教和佛教所包含的對生命意志之否定的倫理，在叔本華看來是「基督教和西方世界所不能及的」，它在這方面的倫理觀在四、五千年以前就「獲得更進一步的發展和更堅定的表現」，比如要完全否定一切自愛以愛親鄰；慈悲不僅以人類為限，還要包括一切有情；施捨要不惜散盡每日辛勤所得；對一切侮辱我的人要有無邊的容忍；不論對方如何惡劣，也要以仁德報冤仇；欣然甘願忍受一切羞辱；禁各種肉食。還有，追求聖道的人要絕對戒色並禁一切淫逸之樂，要散盡一切財產，拋棄任何住所、親人，要絕對深密的孤寂，在靜默的觀照中度此一生；以自願的懺悔和可怕的、慢性的自苦而求完全壓制住意志，以至絕食、葬身鱷魚之腹、從喜馬拉雅山聖峰上墜崖、活埋，以及投身於優伶歌舞歡呼簇擁著的、載著菩薩神像遊行的巨型牛車之下甘願死亡等等。

這是一幅多麼可怕的悲慘世界之中的悲慘景象！而叔本華由此所發的慨歎是：「一面要求最沉重的犧牲，一面又能夠在一個擁有幾千萬人口的民族裡這樣長期地保留實踐的範例，這種東西就不可能是任意想出來的怪癖，而必然是在人性的本質中有其根據的。」我們在這裡又一次看到了叔本華對印度哲學的高度推崇。

據叔本華說，以實際行動來禁慾的聖者們和禁慾主義者們，內心都充滿了心靈的鬥爭，充滿從四面八方來的責難和遺棄，他們的「寧靜和極樂只是從不斷克服意志〔這種努力〕產生出來的花朵，而同生命意志作不斷的鬥爭則是這些花朵所以能滋生的土壤：因為世界上本沒有一個人能夠有持久的寧靜」。他還認為，一種極高超的人物性格總帶有幾分沉默傷感的色彩，這種傷感絕不是對日常不如意的事常有厭惡之心，而是從認識中產生的一種意識，意識著一切身外之物的空虛，意識到一切生命的痛苦，不只是意識到自己的痛苦。

這樣，聖者們所達到的境界，便是常人所無法企及的。那是一種什麼樣的境界呢？是一種深深的寧靜和內心的愉快：「從外表看儘管他是那麼貧苦，那麼寡歡而總是缺這缺那，然而他的〔心理〕狀況卻充滿內心的愉快和真正天福的寧靜。這已不是那個不安的生命衝動，不是那種鼓舞歡樂了。歡樂是以激烈的痛苦為事前、事後的條件的，譬如構成貪生的人們一生的那種歡樂；〔這裡不是歡樂〕而是一種不可動搖的安定，是一種深深的寧靜和內心的愉快。這種境界如果出現於我們眼前或出現在我們的想像之中，那是我們不能不以最大的嚮往心情來瞻仰的；因為我們立即認為這是唯一正確的，超過一切一切無限遠的東西，因為我們的良知〔常〕以『戰勝自己，理性用事』這響亮的口號召喚我們到那兒去。」

死亡之謎

死亡，無論是對人來說，還是對其他生命體來說，都是一個「大限」。從最一般的意義上看，死亡對個體存在意味著生命終結，對群體則未必如此。一個生命既已死亡，便歸於不存在——無，一切的物質、價值、意義對它來說，便全部消失了。

大體上說，咱們中國人在傳統上是不那麼看重死亡的，比如儒家先聖孔子就說過：「未知生，焉知死？」老莊雖然也從「道」、「物我齊一」等角度談到生與死的相對性，基本上仍把死亡看作一種不必太深究的自然現象——當然，這並不意味著一般人不存在對死亡的恐懼。

相比之下，西方傳統的樂觀主義哲學，同樣不看重死亡。倒是宗教哲學（主要是基督教思想，也可對比東方的佛學思想）似乎對死亡傾注了更多的關注，原罪的觀念，末日審判和地獄、天堂的觀念，都與死亡有關。近代懷疑主義和悲觀主義哲學思潮興起之後，死亡則成了一個經常談論的話題，甚至是主要的、重大的話題。

事實上，死亡確乎是人生的重大問題。

死亡固然是生命的自然現象，但對人這種尋求意義的動物來說，他必然要追問死亡的意義問題——不僅是死亡本身的意義，更要緊的是它對尚活著的人們的意義，對生命存在的意義。我們或多或少是以這意義來照亮我們在現世的存在和生活歷程的，並以它來確定我們的生活座標。這個意思，用西方人愛說的話來說，叫做「向死而生」，即在生時便將死亡和死後之理想透，以此來反觀此世的生，那麼作為生之標誌和核心的心靈也就踏實了，坦然了。中國傳統的思想剛好相反，是「向生而死」，重生輕死（厚葬、迷信完全是另一回事），關注的焦點是在此生此世，而非來世。

作為西方近現代生命哲學創始人的叔本華，不僅對生的一系列重大問題給予了極大的關注，而且也對死亡這一重大問題傾注了他的智慧。

他從意志哲學的根本——生命意志——出發，從對生命意志的肯定和否定兩個方面，既探討了一般的死亡（病死、老死、夭折、意外偶然的死亡），也討論了特殊的死亡——自殺。下面我們就來看看他的主要觀點。

我們已經知道，意志（生命意志）作為自在之物，是世界內在的蘊涵和本質；而生命，則是反映意志的一面鏡子，因此，作為現象的生命總是同意志如影相隨，不可分離的。這個意思也可以這樣來表達：哪裡有意志，哪裡就會有生命，有世界。

那麼死亡呢？死亡同樣屬於意志所顯現出的現象。生命個體的生與死，都只是現象；個體的生命是從「無」當中產生的，它把生命當作禮物一樣接收過來，然後又為了這個「禮物」由於死亡而喪失感到痛苦，並復歸於「無」。所以，叔本華認為，從哲學上來考察生命的生和死，也就是以「生命的理念」來考察生命，這樣就會現出如下的認識：「誕生和死亡既屬於意志顯出的現象，當然也是屬於生命的。生命，基本上就得在個體中表現出，而這些個體是作為飄忽的，在時間形式中出現之物的現象而生而滅的。這在時間形式中出現之物自身不知有時間，但又恰好是從這一方式呈現以使其固有本質客體化的。誕生和死亡同等地都屬於生命，並且是互為條件而保持平衡的。如果人們喜歡換一個說法，也可說誕生和死亡都

是作為整個生命現象的兩極而保持平衡的。」（《作為意志和表象的世界》，以下出自本書的引文均不再註明）

這表明出生和死亡是根本的對應物，雙方互相對消；互相抵償。換句話說，有生就有死，有死就有生，生死相互依存。就生命個體而言，它就如同生命意志的樣品或標本。但是，生命個體的生和死，並不能對生命意志有所影響，因為大自然所關心的不是生命的個體，而只關心物種的族類。「對於種族的保存，大自然卻十分認真，不惜以絕大超額數量的種子和繁殖衝動的巨大力量為之照顧。與此相反，無窮的時間，無邊的空間以及時間空間中無數可能的個體既然都是大自然管轄下的王國，那麼個體對於大自然就沒有什麼價值了，也不可能有什麼價值。因此大自然也總是準備著讓個體凋謝死亡。」

為什麼會如此？原因在於：「大自然本身就很率直地透露了這一重大的真理：只有理念而不是個體才真正有真實性；即是說只有理念才是意志的恰如其分的客體性。於是，人既然是大自然本身，又在大自然最高度的自我意識中，而大自然又只是客體化了的生命意志；那麼，一個人要是理解了這一觀點並且守住這一觀點，他誠然可以由於回顧大自然不死的生命，回顧他自己就是這自然而有理由為他（自己）的和他朋友的死獲得安慰。……『大自然是哀怨不能入的。』」

我們由此可以看出，叔本華顯然並不看重生命個體的生存與死亡，而只看重大自然和生命意志本身。也就是說，他基本上否定了生與死對於人生的價值和意義，以消極的立場來看個體的生與死。然而，如果真的如他所說，相對於種族永生來說，個體的生滅是無關緊要的、偶然的、沒有價值的，那麼，再去討論生死的意義和價值，也就沒有意義和價值了。因為，如果這種思考不落腳到個體身上，不以個體作為出發點和止歸，生死的意義和價值就無從談起。

我們固然可以承認個體的生命是短暫而有限的，無數個體的生滅構成了生生不息的大千世界的生命現象；可以承認自然本身和種族的生命是永恆的；但是，這個似乎有些殘酷的事實，並不足以徹底否認生與死在個體範圍內的意義和價值。再進一步說，如果沒有個體的生死，又哪來種族的永恆呢？

在叔本華看來，一切生命和生活的形式是現在，既不是過去，也不是未來。當我們追問過去的是什麼，現在的又是什麼這樣的問題時，答案只能是：意志。生命是反映意志的鏡子；是不帶意志的認識，而認識又在這面鏡子裡清晰地看到意志。

這個答案，實際上也就是叔本華對人生的生死之謎的解答，即離開了意志這個根本，世界和人生的本質，個體生死存亡的意義和價值，一切人生的重大問題，都無從談起。

所以，叔本華肯定地告訴我們，我們不必探討人生前的過去，也不必探討死後的將來，只應該認識到現在是意志顯現的唯一形式。這話聽起來倒是很像孔子所說的「未知生，焉知死」。他還說：「要是如此這般的生命就滿足了一個人，要是這個人在任何場合都肯定生命，他也就可以有信心把生命看作是無窮無盡的而把死亡的恐懼當作一種幻覺驅逐掉。」

但是，對死亡的恐懼應當是一切生命，尤其是人這種有意識的生命中的普遍現象，一種真實的事實，就如後來的佛洛伊德所相信的，人天生就有一種死亡的本能和對死亡的恐懼。可是，叔本華卻認為，懼怕死亡，由於感到死亡將剝奪我們的現在而怕死，是一種愚昧之見，「那就不是別的，而是等於人們在想像太陽會在傍晚哭訴道：『我糟了，我將沉淪於永久的黑夜了！』」這種愚昧就在於，它因為對死亡的恐懼，而看不到意志的永恆不死，尤其是沒有看到死亡是一種得救和解放，是對生命意志的肯定。

在這個方面，叔本華認為懷著死亡恐懼的人比不上動物，因為動物無憂無慮地生活著，沒有死亡的恐懼，意識得到它自己就是自然，與自然一樣是不滅的。動物便受著這種意識的支配。人之所以怕死，完全是懼怕個體的毀滅，因為從個體作為意志客體化的表現來看，個體的全部存在都要起而抗拒死亡。

那麼，個體的人是不是就無法克服對死亡的恐懼了呢？叔本華的回答是否定的。他認為，人的情感會把我們置於恐懼死亡這種「無救助之地」，但是理性卻可以把我們抬舉到「一個較高的立場」，即不是從個體的角度來看待死亡並因此而恐懼，而是從總體的角度來看待整個生命現象，「站在這〔較高〕立場上就足以克服死的恐怖了」。所以他說：「要是一個人把前此闡述過的那些真理都已吸收到他的思想意識中去了，同時又並沒有由於自己的經驗或什麼更深的見解而認一切生命基本上都是持續不斷的痛苦，卻是在生活中有了滿足，在生活中過得十分如意，在他平心靜氣考慮的時候還希望他的一生又如他所經歷的那樣無限延續下去或重複又重複；他還有那麼大的生活勇氣，以致為了生活上的享受寧願且樂於附帶地忍受一切煩惱和痛苦；那麼，這樣一個人就是以『堅強的筋骨』屹立在搓得圓圓的、永恆的地球上了，他也沒有什麼要怕的東西了。他是由我們給他的認識武裝起來的，他毫不介意地迎著在時間的雙翼上急馳而來的死亡看去，把死亡當作騙人的假像，無能為力的幽靈，可以駭唬弱者但無力支配那些知道自己即意志的人們；而整個世界就是這意志的客體化或意志的寫照。因此，他在任何時候都穩有生命，也穩有現在——意志現象這唯一真正的形式。因此，無限的過去和將來都不能駭倒他，他似乎並不在過去未來中；他已把這些過去未來看作虛幻的戲法和摩耶之幕了。所以他無所懼於死亡，正如太陽無所畏於黑夜一樣。」

在這一段話中，叔本華幾乎概括了他對死亡的觀點的一個主要方面——對生命意志的肯定。

他所說的「較高的立場」，就是在認識方面完全肯定生命意志的立場。之所以對死亡無所畏懼，是由於個體的認識與慾望齊頭並進，從而排除了一切「妄覺」，意志在自己的客體性中完全而明晰地顯現了自己的本質：認識不妨礙慾求，慾求有了認識、意識，經過了思考。

與此相反的另一種死亡，便是對生命意志的否定。在這種情況下，意志衝動的慾求，由於有了對意志本質的認識、意識，從而終止了慾求——「從理念的體會中生長起來的認識成為意志的清淨劑，意志就這樣自願取消它自己。」我們在前一節中談到的「以死亡作為對痛苦的解脫」，便是這種對意志的否定。

以死亡來否定意志，是一種特殊的死亡，即自殺。不過，我們必須注意的是，自殺，在叔本華那裡是被當作一種特殊死亡來討論的，應當從兩種角度來看自殺同一般死亡的關係：從死亡的方式上看，自殺是自己結束自己的生命，因而同由其它原因引起的一般死亡不同；從生命意志的角度看，死亡可分為對意志的肯定和對意志的否定，由克服了對死亡的恐懼而坦然死去，是對意志的肯定，包括一般的死亡和自殺，而由斷絕慾念（禁慾）而死則是對意志的否定。

所以，自殺便有了兩種不同的性質——肯定生命意志的自殺和否定生命意志的自殺。一般的自殺，是取消意志的個別現象，即否定個體的生命。在叔本華看來，否定個體生命與否定意志有著天壤之別：「自殺離意志的否定還遠著，它是強烈肯定意志的一種現象。原來〔意志之〕否定的本質不在於人們對痛苦深惡痛絕，而是在於對生活的享樂深惡痛絕。自殺者要生命，他只是對那些輪到他頭上的〔生活〕條件不滿而已。所以他並沒有放棄生命意志，而只是在他毀滅個別現象時放棄了生命。他要生命，他要這身體暢遂無阻的生存，要肯定這身體；但是錯綜複雜的環境不容許這樣，這就使他產生了巨大的痛苦。生命意志本身覺得自己在這一個別現象中被阻攔到這種程度，以致它不能開展它的追求了。」在這種情況下，用自殺來否定個體的生命，同時卻在本質上以這種方式肯定了生命意志。

關鍵在於：自殺者所否定的只是個體，而不是否定的物種。因為生命意志不怕沒有生命——生命會以各種樣式來表現，沒有了這一個，還會有另一個，它是生生不息的，因而個體自甘毀滅「也就是一個完全徒勞的、愚蠢的行為」，「自在之物卻依然無恙，猶如不管彩虹所依存的雨點是如何地迅速地在替換更易，彩虹自身仍堅持不改一樣」。

叔本華對於這種只否定個體的一般自殺，採取了鮮明的反對態度。自殺者無法中止慾求，想逃避由於慾求受到阻礙而產生的痛苦，他像一個病人，不願接受治療，反而讓病痛保留下來。他的舉動恰恰肯定了生命意志是不可遏制的，慾求是不可遏制的。

在叔本華看來，另一種完全不同於一般自殺的自殺行為，還沒有被人們充分注意到，即「由最高度的禁慾自願選擇的絕食而死」。它是對生命意志的徹底否定，自殺者已完完全全中斷了慾求，才中斷了生命，並且除了絕食之外，再也找不到其它中斷慾求的方式。關於這種特殊自殺，我們已在上一節中充分談到了。叔本華對這種特殊自殺給予了高度贊許，認為它是一種值得稱道的德行。

看了這些不同的死亡，以及不同死亡的內涵之後，我們不由得要感歎：人類的生存固然不容易，充滿坎坷、艱難、痛苦，可是，死亡也不容易啊！或許，我們真的不如動物——動物不僅僅是無憂無慮地活著和死去，絲毫沒有死亡的恐懼；在我們看來，動物沒有意識，沒有思想，斷然不會像人類那樣去思考、探索死亡對活著的意義與價值。

如果說沒有思想是幸福的，有了思想便意味著痛苦的話，那麼一切動物——以及一切沒有意識和思想之物——就都是幸福的，而人類則是痛苦的。這種痛苦不在於由各種外在因素造成的苦惱，而在於內在的心靈為尋求家園遇上的迷惘、徬徨、苦悶、失望、悲觀等等，不停地尋求意義，又總是難以徹底解開人生之謎。

我們無可迴避的最大的謎，便是生死存亡之謎。

第五章：名利場上的誘惑

對官位的鄙薄

如果拋開人之生死兩個極端不論，僅僅就活著及其過程而言，那麼毫無疑問的是，我們都必須面對人生的種種誘惑：權力、金錢、名聲、榮譽、地位、財富、異性等等。中國先賢說過：「食色，性也。」這話概括了人為維持生存而具有的天生、自然的慾求。

必須面對誘惑和如何面對誘惑，是完全不同的兩回事。必須面對是生命存在的必然性決定的，倘若借用叔本華的說法，是由生命意志的慾求決定的；如何面對則取決於作為主體的人在對象性的關係中的價值取向；價值取向不一樣，面對各種誘惑的態度就不一樣。同樣一個物體、一件事情，人們的價值取向不同，所採取的態度便會有各種差異，隨之所採取的行動也不一樣。

我們知道，叔本華一生中的大部分時間都以「邊緣人」的身份過著默默無聞的隱居生活，以著述終身；既沒有謀取一官半職（這是他極其鄙視的）和某種正式的職業，也沒有參加什麼現實的社會、政治鬥爭，更沒有加入某個黨派、社團，全然獨來獨往，一副超然出世的模樣。的確，如果照中國儒家傳統對文人的要求來看，叔本華幾乎夠得上是一個名符其實「不偏不黨」的君子和真正的隱士。他平生唯一一次在名利場上的角逐，便是在柏林大學與黑格爾爭奪學術大腕的資格，結果是以慘敗告終。我們也知道，真實生活中的叔本華，在名利的誘惑面前並非絕對的超凡脫俗，比如晚年當讚美和榮譽湧來時他內心的欣喜和某些做法，比如他對商人和積攢財富的褒揚與關注等等。

坦率地說，塵世中所有活生生、有血有肉有七情六欲的男男女女，很少有在名利場的誘惑面前不動心的，這當中只有程度、方式、態度的差別，而沒有質的差別；作為一代思想家的叔本華，當然也不例外。在另一方面，人們對名利的看法、觀點，往往同他們在真實生活中的行為舉止不一致，甚至可能出現強烈的反差；叔本華也是如此。這一點我們在前面已經看到了。在這裡，我們集中地來看看叔本華對名利的看法。

首先是官位。

看來，官位這種意味著權力和其它種種好處的東西，對叔本華基本上不具有什麼誘惑力。他在討論官位問題時，一開頭就擺出了鄙薄的姿態：「因為官位雖然在一般大眾與不學無術者的眼中是非常重要的東西，也是政府組織體系中很有用的一環，但是實際上我們只需三言兩語便可將它處理完畢了。」（本節引文均出自《人生的智慧》）一向以天才自居的叔本華，從來都把自己與一般人的界線劃分得很清楚，並不屑於與他們為伍。在一般人看來

「非常重要的」東西，顯然在他看來就很不重要，以至於只需「三言兩語」來「處理」。叔本華的這種態度，很像中國傳統中的「君子」不屑於與「小人」為伍一樣——凡是小人看重的，君子就加以蔑視，以此表示自己的清高脫俗。

那麼，官位意味著什麼？在叔本華看來，「官位純粹是一種約定俗成的價值」。這就是說，官位是人們按人同此心，心同此理的心理習慣所認同了的價值。擁有官位的人，必定是具備了佔有其職位的各種條件——儘管在實際當中經常不是這樣，在其位不謀其政和在其位根本無能謀其政的人實在太多了。這種現象從一個方面再次告訴我們：理論總是灰色的，現實卻是五花八門的。

官位也表明一種等級之分，而等級所包含的價值「可說是誘導民意的匯票，而匯票之價值的高低應視持票人的聲望爵位而定。當然，用授與爵位等級來代替頒發年金可以替政府省下一大筆錢；而且如果等級（爵位）分配得宜，人人各得其位，各盡其職，未嘗不是國家之福。一般而言眾人都有著眼睛和耳朵：只是缺乏判斷力和記憶力」。

可以看出，叔本華在這裡充分展示了他的商業頭腦，以價值交換關係來討論官位問題，同他以智慧和思辨來討論生命意志諸種問題，形成了一種有趣的反差：一方面是非常世俗和現實的色彩，一方面是極其形上和脫俗的色彩。並且，他在這裡又一次間接地表達了對一般大眾的輕蔑：他們只有一種膚淺的、表面的感受，卻不具備對現象與實質作出評判的能力，因此一般大眾的愚昧，完全可能使他們成為被政府愚弄的對象。

所以，叔本華又接著說：「有一些政府的決策超出他們理解範圍的，另一些政府的措施雖然使他們獲益非淺也博得他們的一時的讚揚，但他們很快就遺忘了。」

民眾不只是缺乏判斷力和記憶力，一般來說，他們並不知道官位實際上是如何分配的，也不知道政府官員是如何操縱政治機器的——用我們中國的習語來說，這一切都是「肉食者謀之」的事情。大眾百姓看重的是與自己實際利益密切相關的事情，只注意與自己利益有關的政府的決策和措施，一旦願望、要求、利益得到滿足，便不會再關心其它的事情，所以「很快就遺忘了」。

懂得了百姓大眾的這種心態，反過來站在政府的角度，叔本華認為，「……每一個十字章和星章的頒發（每一次爵位的授與）都應該向所有各地的大眾宣佈，讓他們知道，這個人與你不同，他有所成就。」既然如此，有所成就的人就理所當然地應當獲得動章、爵位和官位。這樣，民眾知道了，知道了就滿足了，並不會去深究其中的種種是非和公正與否。

但是，民眾固然可以被愚弄、被蒙蔽，卻不能因此而失去授與官位的公正性，因為用價值交換的眼光來看，一種東西的價格，應當同這種東西所具有的價值相稱。所以，叔本華對政治統治者提出忠告說：「……一旦不公正或者缺乏適當選擇或者大量的頒授（爵位）等級的話，爵位就失去了它的價值」。失去了價值的官位，當然就沒有存在的必要。

叔本華就此提出建議，要求「國王們在頒發爵位時該像生意人簽匯票一樣謹慎才好」，「因為爵位本該為傑出成就才頒發」。

從這種「三言兩語」的討論中，我們已經明白了叔本華的主要觀點。他個人對官位毫無興趣，不為官位的誘惑所動，但卻承認官位對大眾的重要和對政府的有用。他要求授與官位要名副其實，而不能由於隨意而使官位貶值，堅持公正的原則，而不能僅僅用官位來蒙蔽和愚弄一般民眾。

無論古今中外，官場從來都是追逐權、利、名之徒的角鬥場，其間充滿種種爾虞我詐、勾心鬥角、花言巧語、兩面三刀、翻雲覆雨的爭鬥。想必叔本華對此不會沒有瞭解。他一直對官位、官場抱一種冷漠和反感的態度，甚至認為根本沒有必要深入進行討論，應當說，他在這方面是言行一致的，即終身不仕，遠離政治和權力中心，並且還譴責歷史上的種種暴政。就這一點而言，他保持了自己人格和思想的獨立。正因為這樣，叔本華才成其為叔本華。

名譽是一種虛榮

名譽同官位相比，似乎要虛浮一些：擁有官位就擁有了權利，可以直接地利用它去獲取一己的私利，滿足自己的慾望，或者較為順利地達到某些目的；名譽卻不能帶來直接的實際利益，它通常能直接滿足人們的虛榮心，以及人們為了確認自我價值的慾求，在某些時候，名譽也可以間接地為人們帶來某些實際利益。

雖然如此，但名譽對人的誘惑絲毫不亞於官位的誘惑，甚至從普遍性方面看，名譽誘感的範圍要比官位廣泛得多，並且它所滿足的人們的慾求，是官位所無法替代的。一個人可以沒有，或者不去追求官位，但是，他不大可能不顧名譽，不大可能不希望自己的價值得到他人的確認。

這種在我們看來似乎是人之常情的事情，在叔本華看來卻是匪夷所思的。他說：「由於人性奇特的弱點，我們經常過分重視他人對自己的看法；其實，只要稍加反省就可知道別人的看法並不能影響我們可以獲得的幸福。所以我很難瞭解為什麼人人都對別人的讚美誇獎感到十分快樂。」「要是你讚美一個人，他的臉上便浮起一絲愉快甜蜜的表情，而且只要你所讚美的正是他引以自傲的，即使這種讚美是明顯的謊言，他仍會歡迎之至。只要有別人讚賞他，即使惡運當頭，幸福的希望渺茫，他仍可以安之若素；反過來，當一個人的感情和自尊心受到自然、地位或是環境的傷害，當他被冷淡、輕視和忽略時，每個人都難免要感覺苦惱甚至極為痛苦。」（《人生的智慧》，以下引文均出自本書）

無可否認，叔本華在這裡所描述的事實在現實生活中確實存在。喜歡別人吹捧、阿諛、恭維、誇獎，以至為了這些東西而忽視或忘記了其它更重要的東西，這甚至可以說是人性中致命的弱點，歷史上流傳下來的這方面的教訓也多得難以計數。不錯，他人的看法確乎不能影響一個人可以獲得的幸福，可是人們偏偏要為了榮譽而犧牲其它更重要的東西，可見這種被叔本華稱為「喜褒惡貶」的習性的生成，並不那麼簡單。

在叔本華看來，一般所謂的「榮譽感」，對於心靈安寧和獨立等幸福的要素所產生的影響，不但沒有好處，反而是有害的。「所以就幸福的觀點著眼，我們應該制止這種弱點的蔓延，自己恰當而正確的考慮及衡量某些利益的相對價值，從而減輕對他人意見的高度感受性；不管這種意見是諂媚與否，還是會導致痛苦，因為它們都是訴諸情緒的。」如此說來，榮譽感實際上就成了一種必須克服的有害的弱點。一個人如果太在意別人的看法，並因此影響到自己選擇和行動的獨立性，被別人的評價牽著鼻子走，自然會受到那些外來評價的干擾，難以得到心靈的安寧。倘若這樣去做，其結果將使一個人變成他人意見的奴才，因為「對一個貪於讚美的人來說，傷害他和安撫他都是很容易的」。

為了使自己不受他人評價的影響，不讓他人的評價影響自己的「幸福」，需要處理好人自己心目中的自我價值與自己在他人心目中的價值之間的關係，也就是自我評價與他人評價之間的關係。

我們自己在自己心目中的價值，「是集合了造成我們存在和存在領域內一切事物而形成的」，是我們性格中的各種優點在自我意識中的集中表現。我們在他人心目中的價值，是我們在他人心目中的形象加上他人對這形象的看法。顯然，這兩種價值之間是存在著反差的，根本不可能完全吻合。由於叔本華從來都很自信，自視甚高，崇揚天才，貶抑群氓，因此，他絕不可能主張在這兩種價值之間進行調和，而是主張以「我」為主，不因他人的看法影響自己對自我價值的確認。

所以，叔本華強調，自我呈現在他人心目中的價值，對我們的存在根本沒有直接的影響，只可能對我們的存在有間接而緩和的影響。如果我們屈從於他人的意見，在他人意見的促使下來「修改」自己心目中的自我時，這種間接影響就直接化了；除此之外，他人的意見與我們的存在毫無關係。

這只是從總體上來看的，但是「當我們認清了大眾的思想是何等無知淺薄，他們的觀念是多麼狹隘，情操如何低賤，意見是怎樣偏頗，錯誤是何其多時，別人對我們的看法就更不相干了。當我們由經驗中知道人在背後是如何的詆毀他的同伴，只要他毋須怕對方也相信對方不會聽到詆毀的話，他就會儘量詆毀。這樣我們便會真正不在乎他人的意見了。只要我們有機會認清古來多少的偉人曾受過蠢蟲的蔑視，也就曉得在乎別人怎麼說便是太尊敬別人了。」

從這裡可以看出，叔本華對世俗偏見的憤慨之情是如何的溢於言表！他的看法同我們自己從真實生活中所得來的體驗，又是何其相似乃爾！我們常以「走自己的路，讓別人去說吧」這句話來自我勉勵，其中所包含的道理，叔本華已經向我們明白地揭示了出來。在這種情況下再回過頭去看我們希望得到別人讚美的慾望，豈不是太可笑了、太愚蠢了嗎！

嚴格地說，以他人的讚美為滿足，沾沾自喜，本身就是一種人格缺陷，是缺乏主見和自信心的表現。同時，這樣的「名譽感」，實質上就是虛榮心。

叔本華認為，當一個人不是在自己所擁有的東西中尋找幸福的根源，而是在名譽中去尋找安慰，寄希望於他人的讚美，這時他就陷入了一種危險的境地。個人的幸福是由健康和一種獨立生活、免於憂慮的能力構成的。「這兩種幸福因素的重要，不是任何榮譽、奢華、地位和聲名所能匹敵和取代的，如果必要我們能夠犧牲了後者來成就前者。要知道任何人的首要存在和真實存在的條件都是藏在他自身的髮膚中，不是在別人對他的看法裡；而且個人生活的現實情況，例如健康狀態、氣質、能力、收入、妻子、兒女、朋友、家庭等，對幸福的影響將大於別人高興怎麼對我們的看法千百倍；如果不能及早認清這一點，我們的生活就晦暗了。假使人們還要堅持榮譽重於生命，他真正的意思該是堅持生存和圓滿都比不上別人的意見來得重要。」

這讓我們再一次想到叔本華身後人們對他「言行不一」的抨擊。叔本華在這裡就名譽問題所發表的言論，與他自己在生活中獨立特行、卓爾不群的舉止，不是非常一致嗎？我們知道，他的人生哲學根本就是立足於現實人生之上的，倘若他沒有真實的生活體驗，哪裡會有如此憤世嫉俗、帶有強烈情感色彩和傾向性的觀點？看來，我們應當像叔本華一樣，對那些抨擊不予理睬，以自己的判斷作為立足點。

以別人的讚美作為寄託就已經夠悲哀的了，如果還要為贏得別人的讚美而刻意地去作努力，那麼就更加悲哀了，用叔本華的說法，是「人類愚昧的極度擴張」。我們為職務、官銜、修飾，甚至知識、藝術等所作的努力，如果僅僅是為了抬高別人對自己的評價，這樣的錯誤就不僅是根源於人性的深處，而且也是文明對社會所造成的惡果。由這種錯誤對我們的行為和幸福所造成的巨大影響，是不容我們否認的事實。比如，我們在人格培養的過程中，十分注重培養名譽感，其結果恰恰是錯誤地讓人們本末倒置，主次顛倒，「把別人的意見當作真實的存在，而把自己的感覺弄得含混不明」。

這樣的名譽感，就是虛榮；虛榮是愚昧的表現，是指沒有堅實內在價值的東西。在虛榮心的驅使下，我們竭力去追求超過自己能力之外的東西，叔本華認為，「這就可以說是人與生俱來的一種瘋癲症了。」

我們在前面曾談到過叔本華對人格中虛偽的痛恨，而這裡他對虛榮的猛烈抨擊，也可以看作是對人格虛偽性的批判的繼續。他不無感慨地對我們說：「我們每做一件事，首先便會想到：『別人該會怎麼講』；人生中幾乎有一半的麻煩與困擾是來自我們對此項結果的焦慮上；這種焦慮存在於自尊心中，人們對它也因日久麻痺而沒有感覺了。我們的虛榮弄假，以及裝模作樣都是源於擔心別人會怎麼說的焦慮上。如果沒有了這種焦慮，也就不會有這麼多的奢侈了。各種形式的驕傲，不論表面上多麼不同，骨子裡都有這種擔心別人會怎麼說的焦慮，然而這種憂慮所費的代價又是多麼大啊！」

是的，人們每天都在高喊要真誠地生活，但真實的情況卻是，人們越是高喊，離真誠就越遠，就越虛偽。這大概是人類這種最奇怪的動物最不可思議的毛病之一，並且是最不可救藥的毛病。

叔本華還進一步指出，虛榮和虛偽，在人生的每個階段都有所表現：「我們在小孩身上已可見到，而它在老年人身上所產生的作用就更強烈，因為當年華老大，沒有能力來享受各種感官之樂時，除了貪婪他剩下的就只有虛榮和驕傲了。」這就是說，無論什麼樣的人，都不可能超凡脫俗得不受本性的制約。由此也可見他對人生和人類前途的悲觀，是深入到了骨髓，徹底到了絕望的地步。

不僅如此，叔本華幾乎把懼怕別人怎麼說，當作人類眾多弱點的總根子。正如他所說的：「我們所有的焦慮、困擾、苦惱、麻煩、奮發努力幾乎大部分都起因於擔心別人會怎麼說……羨慕和仇恨經常也源於相似的原因。」

莫非，人這種軟弱的動物就真的不能得救了嗎？

叔本華在很有限的程度上承認人有得救的可能：「制止這種普遍愚昧的唯一方法是認清這是一種愚昧」，同時也認識到人的幸福存在於心靈的平和與滿足之中，然後就「必須合理地限制這種擔心別人會怎麼說的本能衝動」。

但是，要做到這一點非常困難。人們常說，江山易改，本性難移。滿足虛榮心的衝動「原是人性內自然的執拗，正如泰西特斯所說，一個聰明人最難擺脫的便是名利慾」。

儘管如此，叔本華還是認為克服虛榮心，抑制對名譽的慾望並不受它的誘惑，是一件值得去做的事情；值得去做的事情都是很困難的。只要我們能夠擺脫對名譽愚蠢的慾望，就可以獲得現在所無法想像的平和與快樂，就可以更堅定和自信地面對世界，不必再拘謹不安了。只要我們能夠「返回到本性」上來生活，我們還可以避免許多惡運，「這些惡運是由於我們現在只追尋別人的意見而造成的，由於我們的愚昧造成的惡運只有當我們不再在意這些不可捉摸的陰影，並注意堅實的真實時才能避免，這樣我們方能沒有阻礙的享受美好的真實」。

我們必須坦率地承認，叔本華對人類本性及其弱點的洞察是極其深刻的。他所揭示的大多數問題，是大多數其他思想家所沒有揭示過的——這顯然不是因為他們缺乏足夠的智力，他們或者自己就是人類弱點的代表，或者出於別的什麼目的而有意掩蓋人類的弱點，或者將這些弱點加以美化。這種情況的可悲程度，並不亞於陷於虛假名譽追逐的可悲程度。

名譽對於真正的人的生活和人的幸福來說，是毫無價值的。它以一種虛偽的外在形式誘惑著我們，我們受它迷惑，抵擋不住它的吸引力，在迷途上越走越遠，在泥淖中越陷越深。沒有人為我們指點迷津，我們便不能覺悟；有人為我們指出迷津之後，我們雖然有了覺悟，卻不能自拔。芸芸眾生姑且不論，那些超出芸芸眾生的「思想家」同樣難脫窠臼。

我們應當感謝叔本華為我們指點迷津，告訴我們要抵擋名譽的誘惑，勸告我們不受他人意見的左右，鼓勵我們獨立自主地走自己的路，執著地追求自己生活的幸福。

他沒有被名譽所誘惑。我們應當好好反省反省自己。

值得驕傲才是驕傲

驕傲不是一種實際的誘惑，幾乎與物質的東西搭不上邊。它只是一種個人的表現——通過言語、姿態、行動；但是，我們在人生的名利場上經常見到它的影子，有時它也可以間接地轉變成一種誘惑（吸引力）。

驕傲總是同個體人格聯繫在一起的。它表現在外表上，成為人的外包裝的一部分，可以起到一種「標籤」的作用。當我們看見某人高昂著頭，不拿正眼看人，一副鄙視一切的神情之時，尤其是當他出言不遜之時，這一切就都成了那個人驕傲的標籤。我們由標籤而知道那人很驕傲，於是加以注意，以為他必定有什麼地方與眾不同，很了不起，或者對他表現出恭順、仰慕，或者暗自被他吸引，當然也可能以否定的方式——不屑一顧，更加傲慢——表現出對他的反應。總而言之，一個驕傲的人很容易引人注目。

叔本華對驕傲的看法是很奇特的。他認為，驕傲是人性愚昧的產物，「由這種愚昧繁殖出了三個嫩芽：那就是野心、虛榮和驕傲」。他並沒有對此詳加解釋，但他既然把驕傲和虛榮放在一塊兒，並且把它們都看成是由愚昧產生出來的，那麼根據前一節我們對名譽和虛榮的瞭解，便可知道名譽和虛榮是渴望得到他人讚揚的慾望，這種慾望通過人們的刻意努力而得到實現和擴張，這便是人「與生俱來的一種瘋癲症」。由此推及驕傲，大概也可以說驕傲是人與生俱來的一種瘋癲症的表現，是愚昧這棵樹上結下的一個果實。

雖然驕傲和虛榮同是愚昧之樹結下的果實，但卻是兩顆不同的果實，叔本華把它們作了區分。

驕傲是對自己在某些方面具有與眾不同的「卓越價值」的確信，是人的一種內在活動，是人對自己的直接體認。虛榮則是引起他人對自己有這種價值確信的慾望，並且同時希望自己最終也能夠具有這種確信，它是希望從外部間接地獲得這種體認。

從這種區分當中我們注意到，驕傲的實質是對自我卓越價值的確信，因此，自我是否具有「卓越價值」，便是能否驕傲的內在根據。這就是說，如果一個人確實具有內在的卓越價值，那麼他就具有了驕傲的內在根據；反之，如果一個人不具備內在的卓越價值，但他卻要做出驕傲的樣子，那麼這就是毫無根據的驕傲，就是假裝，也就是人性愚昧的表現。

所以，驕傲實際上也可以區分為兩種：真正的、有內在根據的驕傲和假裝的、沒有內在根據的驕傲。

叔本華認為，「……自負的人常是多話的，不然就是沉默而驕傲的。但是自負的人應該曉得即使他有滿腹經綸還是不說的好，因為持久的緘默比說話更能贏得好評。任何想假裝高傲的人不一定就能驕傲，他多半會像其他人一樣，很快的丟棄這種假裝的個性。」（《人生的智慧》，以下引文均出自本書）

聯繫到開頭所說的驕傲是人性愚昧結出的果實，在對兩種驕傲作出了區分之後，顯而易見的是：只有假裝的、沒有內在根據的驕傲才是愚昧之果，與虛榮屬於同一性質。真正的、擁有內在根據的驕傲，不僅不是愚昧之果，反倒值得充分肯定，所以叔本華又說：「惟有對自己卓越的才能和獨特的價值有堅定、不可動搖之確信的人才能被稱為『驕傲』。」因此，我們切不可把愚蠢的驕傲和有充分自信的驕傲混淆在一起。

但是，在現實生活中，人們往往被偏見所囿，不加區分地把驕傲當作一種不好的德行來譴責。這種行為本身就是愚昧的表現。

我們常常認為，人人都有自尊心，這並不錯。不過，我們在自尊心的驅使之下，經常把別人的驕傲看成是自己的自尊心的敵人，隨時提防驕傲對自尊的入侵和傷害，因此總對驕傲採取拒斥的態度，對驕傲的人遠遠地避開，甚至或暗地或公開地對驕傲的人加以詆毀和指責。

再加上虛假的驕傲總是同虛榮心相伴相隨，這就使驕傲問題變得更加複雜。內心空虛、人格低下、品德惡劣的人，經常受虛榮心的唆使而裝出一副傲慢的樣子。然而在充滿智慧的人面前，內心空虛卑劣的人無論怎麼偽裝，怎麼炫耀，他內心的空虛和卑劣都會止不住地要冒出來，因為狐狸的尾巴總是藏不住的。凡是偽劣產品，無論怎麼包裝，終究是偽劣產品。

在這個虛偽世界上到處充斥的虛假，不但使真正的東西受到抑制和埋沒，而且還使人們愚昧地平添了對貨真價實的東西的仇恨和詆毀！

人們仇恨虛假的驕傲，由此而仇恨一切驕傲；人們誇大自己的自尊心，由此而把驕傲當作敵人。可是，自尊心與虛榮心、虛假的驕傲只是一紙之隔，很多時候混雜在一起，再加上嫉妒、仇恨、詆毀等等，一方面向驕傲發起攻擊，一方面又愚蠢地抬舉「謙虛」。在這種背景之下，當我們讀到叔本華對謙虛的猛烈抨擊時，便一點也不覺得驚奇了：「當謙虛成為公認的好德性時，無疑地世上的笨人就占了很大的便宜；因為每個人都應該謙虛地不表現自己，世人便都類似了。這哪裡是真正的平等啊！它是一種壓制的過程，因為這樣一來，世上就好像只有笨人了。」

在叔本華看來，具有充分內在根據的驕傲的最大敵人（阻礙），就是人類的虛榮，因為虛榮是企圖借助外來的喝彩，在空虛的內心中建立高度的自信，它與對自身價值持有強烈自信的驕傲完全不同。內心空虛，不具備任何有價值的德行，也沒有超凡出眾的才能，但卻想獲得來自別人的喝彩，這的確是愚昧的表現。要想在空虛之上建立自信，就如建造空中樓閣一樣，毫無根據和基礎，因而是滑稽可笑的。

與此相反，一個人內心充實，有出眾的才能和智慧，有值得誇讚的美德，就有自負和驕傲的充分根據。他是有所依憑才有十足的自信，並且確信內心充實所具有的價值，即使得不到別人的承認，也不會使他喪失信心，不會因別人的指責和詆毀而動搖對自身價值的確信。所以，他值得驕傲，也應當驕傲。

按照叔本華對天才的看法，大凡天才們都是驕傲的。天才能夠看到常人所看不到的事物，因為他們的頭腦比常人客觀、純粹、明晰。他們的智慧超出了意志，因而能擺脫意志的束縛而自由地進行智慧的創造活動。他們的根本特質在於，能夠以直觀（而非理性）從個別的事物中發現一般，而常人只能看見個別事物本身。天才的臉上明顯表現出獲得了解放的智慧超過了意志，以及脫俗的快活和浮現在嘴邊的憂鬱，而常人的臉上總烙下了「平凡」的記號。即使在身體方面，天才也有大異於常人之處。

天才對於自身的這些與眾不同之處有著非常清醒的意識，他們也確信自身特質所具有的價值，故而他們才能夠傲立於和傲視於愚昧的芸芸眾生，也才能夠因內心的充實和自信而驕傲。

叔本華非常瞭解具有卓越品質的人在一般俗人之中會受到怎樣的待遇，所以他說：「通常『驕傲』總是受到指責；可是我想只有自己沒有足以自傲之物的人才會貶損『驕傲』這種品德。」世俗的魯莽與蠻橫，容不下任何與世俗不合流的人，總要想方設法來詆毀不同流合污者，迫使他們就範，或者通過壓制使他們銷聲匿跡，甚至消滅他們的肉體。

那麼，面對種種壓力和打擊時該怎麼辦？是甘願投降、俯首就範、同流合污，還是迎風挺立、傲岸不屈，乃至起而抗爭？叔本華就此提出的忠告是：「任何具有優秀品格的人，如果不願他的品德永久被忽略，就該好好正視自己的好品德；因為假如一個品德優良的人，好心的無視自己的優越性，依然與一般人親善，就好像自己與他們一樣，那麼用不了多久，他們便會坦白而肆無忌憚的把你看成他們的同類。這是我給那些具有高貴品格——一種出自人性優越之人的勸告，尤其當此種優越性不像名銜、地位那樣人人可見時應該如此。」

叔本華是要那些具有優秀品德、值得驕傲的人決不同流合污，要卓爾不群，始終保持自己的優越性。顯然，他對他們給予了很高的評價，稱他們是「人性優越之人」。這樣的人當然包括天才和其他偉大的人物在內，而叔本華自己，自然也會被算在這樣的「人性優越之人」的行列當中。

拒絕投降和同流合污的結果，最顯而易見的便是孤獨。從一般世相上看，凡俗之人施加壓力失敗之後便採用疏遠和冷漠的辦法——他們只有如此。從具有優秀品德的人的角度看，孤獨是他們必然的命運，這是絲毫不奇怪的。因為他們確信自己的優越，確信的依據是自己內心對自我價值的體認，並不以外來的評價作為尺度和依據，否則，他們早就落入了世俗之人的圈子。正是從這個根本的意義上說，孤獨是驕傲者必然的命運。

總之，按照叔本華對驕傲的觀點，虛假的驕傲與虛榮同樣是愚昧的表現，不值一提。真正的驕傲是人性優越者的標誌，是人性優越者內在品德的價值的必然表現。凡是這樣的人，都會受到世俗的排斥和非難，而他們自己也是孤傲不群的。

回首歷史，放眼現實，這種必然的普遍現象幾乎沒有例外，幾乎所有卓越人物的經歷都證明了這一點，其中，自然也包括叔本華這個極端憤世嫉俗的思想者。

不可喪失的榮譽

榮譽關乎我們的存在，對我們體現了某種特殊的意義和價值，因而使具有誘惑力。在這方面，它與官位相似，只不過它不像官位那樣直接同實際利益相聯繫。

在叔本華的心目中，榮譽問題似乎佔有一個特殊的重要位置，不像官位那樣可以「三言兩語」來處理。

他的討論首先是從定義開始的。

從最一般的意義上，大概可以把榮譽感定義為「外在的良心」，而說良心是「內在的榮譽感」。但是，叔本華認為，這樣的定義完全是「虛有其表」，「並未真正深入問題的根本」。他更願意從客觀和主觀兩個方面來為榮譽感下定義：「就客觀的一面來說，榮譽是他人對我們的評價和觀感；就主觀的一面而言，榮譽感是我們對這種評價及觀感的重視。」

把這個定義同我們在前面談到的名譽和驕傲相比較，可以看出：名譽只同客觀方面有關，是來自他人的對自我的評價；驕傲只同主觀方面有關，是自我在內心對自我價值的確信。榮譽把這兩個方面聯在了一起，從任何一個單獨的方面都不足以說明這個複雜的問題。這便是榮譽問題的特殊性。

榮譽問題之所以重要，就在於它是由人人都有的羞恥心所決定的一種「公認的價值」。因為，一個人固然可以像生活在孤島上的魯賓遜那樣事事不求人，全憑自己的雙手維持自己的生存，但是這樣去做的成就很有限；只有在人的群體中，即社會中，一個人才能完全發揮其力量，並取得很大的成就。因此，「當人有了意識之始他就明白這個道理，於是在心中升起了在社會中做一個有用分子的慾望，他希望自己有能力盡一己的義務，而且也能享受社會的利益。」（《人生的智慧》，以下引文均出自本書）

一個人要想成為社會中有用的成員，就要盡到自己的職責，一方面是盡到「人之為人的根本職責」，另一方面是盡到自己處於某個特殊位置上應盡的職責。由於這些活動都要在社會當中進行，所以決定一個人是否有用，只憑他自己的意見是不行的，而要取決於他人的看法。為此，人們總要盡力討好世俗，力爭世俗的認同，讓社會對自己產生好的印象。於是就產生了人性中內在的和原始的特徵——榮譽感，從另一個角度來說就是羞恥心。

從叔本華對榮譽感產生根源的分析中我們可以看出，既然榮譽感是由渴望得到社會認同的心理產生的，那麼反過來，社會對一個人的看法和評價，便能在很大程度上影響這個人的行為，他會依社會的看法和評價來調整自己的言行舉止，確定自己的價值取向。

叔本華對這種社會對個人的影響力有著充分的認識，他說：「在生命中最能給人勇氣的便是得到或重獲他人欣賞的信念；因為惟有他人欣賞他，他們才會聯合起來幫助他和保護他，憑著這種力量他可以抵禦生命中的許多災患，這是他的匹夫之力所無法辦到的。」為了獲得他人的信任、好感和社會的認同，個人就要盡力在他人中進行周旋，同他人維持各種各樣的複雜關係，從而達到被認同的目的。

如此說來，榮譽便成了一個人進入某個社會群體的認證標誌，表明一個人已被某個社會群體所接受和認同。由於個人與之發生聯繫的社會群體的不同，由得到認同而來的榮譽也就不同。叔本華把人生各種各樣的榮譽概括為三大類：公民的榮譽，官場的榮譽和性愛的榮譽。

下面，我們就來看看這三種榮譽的含義。

公民榮譽是最常見的榮譽。這個名稱和起源都與近代中產階級的興起有關，但叔本華認為，它適用於所有的人，包括社會上層的人，因而任何人都不能忽視它，對它都要小心謹慎。

公民榮譽的前提是基於這樣一種認識：我們應當無條件尊重他人的權利，所以不得用任何不正當與不合法的手段取得我們所想要的東西。人與人之間的和平交往，確立了這種榮譽的原則；一旦破壞了這一原則，也就破壞了這種榮譽。這樣，就要由法律來對破壞和平交往的人進行懲罰。

官方榮譽一般是與官職相聯繫，並且與官職成正比的。因為從道理上說，一個人擔任某種官職，他就必須具備擔任這一官職的條件，比如道德水準、知識水準、理智、能力等等。擔任的官職越高，對這些條件的要求就越高，所享有的榮譽就越大。另一方面，從職責的角度來說，「官方的榮譽要求接受某種官職的人必須尊敬自己的官職，好為他的同僚及其後來者作個好的榜樣。盡責就是一位官員尊敬他的官職，拒絕對自己或對其他官員的任何攻擊，必須注意批評他沒有盡到責任的批評以及未促進社會的福祉。必須以法律來處罰那些不當的攻擊。」從職責的意義上說，官方榮譽也就是為公眾服務和為國家服務的榮譽，所涉及到的人包括醫生、律師、教師和軍人等。叔本華還特別強調，官方榮譽不只是指人民對官員的一種尊敬，而是包含了更廣泛的意義。

所謂「性愛的榮譽」，同一切榮譽一樣，是建立在功利基礎之上的，包括按自然劃分的女人性愛的榮譽和男人性愛的榮譽。叔本華認為，性愛對女人的重要性比對男人重要得多，因為女人一生的主要內容大部分是她和男人的關係。

除了公民榮譽、官方榮譽和性愛榮譽這三種主要的榮譽之外，叔本華還特別討論了一種「武士式的榮譽」。他認為，這種榮譽只產生於中世紀基督教的歐洲，只在上流社會中存在，並且它與上述三種榮譽的原則完全不同。

那麼，作為一個社會的主要榮譽的原則有些什麼內容呢？

首先，叔本華認為，榮譽最根本的基礎，是源於一種認為道德品格永不改變的信念，即我們認定一種行為是惡的，那就會永遠認為它是惡的，體現在榮譽上，就是一個人的榮譽一旦喪失，就不會再重新獲得。

其次，榮譽在性質上是否定性，「因為榮譽不是人們對於某人獨具的一種品格之讚揚，而是對於某人應該表現且不應錯的一些品格之期許。所以榮譽是強調一個人都不該例外，而名聲卻是讚美某人的獨特成就。名聲是我們必須去爭取的，榮譽卻是我們不得喪失的。沒有了名聲只是不能出名而已，僅是消極的不好；但是失去了榮譽卻是種恥辱，是積極的不好了。」

第三，誹謗是唯一能夠無中生有地攻擊榮譽的武器，而反擊誹謗又只有唯一一種方法，即用適當的輿論批駁誹謗，並「恰到好處」地揭開誹謗者的假面具。

最後，榮譽只具有一種間接的價值。由於榮譽是一種「社會的產物」，有了榮譽感，我們才能生活在文明的狀態中。「在我們許多的作為中，我們需要他人的說明，同時在別人能為我們作任何事之前，對我們需要有種信賴感。這樣他們對我們的看法雖是間接的，雖看不出有直接的或當下的價值，卻是極為重要的。」叔本華反對把榮譽的價值看成是超過生命自身的，認為「這根本就是一種誇張的說法」。

當我們明白了一般榮譽的原則之後，再回過頭來看看叔本華花了很大精力去討論的特殊的榮譽——「武士式的榮譽」，到底有些什麼特別之處。

在他看來，「武士式的榮譽」可以產生一種「俠義精神」。它「不在乎別人所想的是什麼，而在乎別人所說的是什麼。如果有人侮辱了我們，就讓他道歉；只要道歉，一切就結束了。這樣做目的不是為了贏得崇敬，而是非讓侮辱者崇敬不可。」

武士的榮譽不在於一個人所作的是什麼，而在於他所遭遇的苦難是什麼，困難是什麼。因為這種榮譽之所以特殊，就是它不存在於自己所說或所作的是什麼，而存在於別人所說和所作的是什麼。「因為一個人的整個作為可能是依照最公正的和高貴的原則，他的心靈也可能是最純潔的，理智是最清明的，然而若有任何人隨意侮辱他，他的榮譽就隨之消失了。」所以，武士榮譽最不能容忍的就是侮辱，也不能容忍說謊，其信條規定，遇到說謊時便訴諸武力。

武士的榮譽與它是否在一個人心中或者是否為了人自己絕對沒有關係，與人的道德能否變好沒有關係，它只看重外表的榮譽；當外表的榮譽受到攻擊時，最迅速、最徹底的糾正方法，就是決鬥，或者是比勝。

武士的榮譽把受到侮辱看成是不體面的，但卻把侮辱別人看成是榮譽，因此粗暴取代了榮譽，勝過了一切，最粗暴的就永遠是對的。當一個人「以粗暴來作買賣，他的一切錯誤也就合法化而被原諒了……因為粗暴是比任何論證為好的一種論證，它可完全使理智無光。如果我們的對手不關心我們的攻擊方法，或不以更粗暴的方式來還擊我們，因而把我們當成不高貴的比勝對手，那我們總是勝利者和具有榮譽者。當需要無比的傲慢時，就讓我們丟掉真理、知識、悟性、理智與機智」。

武士榮譽的規則把榮譽看成是最高法庭，當人與人之間的爭論涉及到榮譽時，就必須訴諸蠻橫這種有形的力量，因為蠻橫是宣告理智和道德已不足以解決問題，鬥爭必須由有形的力量來解決。「用蠻橫來決定問題，一旦決定就不能改變。這就是大家所知道的強權原理。」武士榮譽還有極高的「自由性」。對它來說，一切諾言都可以撕毀，唯有榮譽不可撕毀；如果撕毀了榮譽，就要採用決鬥這種普遍的方法。你可以不付一切債務，可以欺騙教徒，這些都無損於你的榮譽；唯有賭債不能不付，否則就是不榮譽的。

從上述武士榮譽的內容和原則來看，這種榮譽對一般人來說幾乎是不可思議和理喻的，我們甚至可以把它看成是可笑的、怪異的、野蠻的。但是，有一個事實我們卻不能不承認，即這種榮譽及其原則雖然像叔本華所強調指出的起源並流行於歐洲中世紀的少數人當中，在近代文明社會中成為了「廢物」，而實際上它在人類社會的人與人的交往中具有相當的普遍性。它在不同時間和不同地域可能有不同的表現形式，而它的實質卻不會改變，並具有普遍性，即使用有形的威脅迫使他人因恐懼而尊敬自己，也就是所謂「強權原則」。

從起源上看，叔本華認為，武士榮譽「在人的自然性中並沒有一種本質上的及天然的源起。武士的榮譽是一種人為的結果，而其緣由是不難發現的。武士榮譽的存在很明顯的是人們習於用拳頭甚過用頭腦時就開始的，當牧師的方術縛緊人的理智，在中世紀所流行的武士制度，就使得武士的榮譽開始流行了」。

這裡所說的中世紀的「武士制度」，也就是我們所熟悉的「騎士制度」，而所謂「武士榮譽」，也可說是「騎士榮譽」；但是，倘若把這種榮譽看成是人類社會中的一種普遍現象的話，還是說成「武士榮譽」為好，因為它的實質是以動物性的武力來代替人類的理性。

如果這樣來看問題，那麼就會發現所謂「武士榮譽」與其它榮譽之間有一個重大區別：一般的榮譽的目的在於同他人實現和平的交往，它以有禮有節的方式來進行，以無條件尊重別人的權利來換取別人的信任。武士的榮譽「則是不顧一切的使我們產生恐懼，因而使我們不得不由恐懼而折服」。叔本華打了一個比方，說武士榮譽就像用手握著溫度計使溫度升高，以此來證明房間內的溫度很高。

叔本華認為，古代希臘和羅馬的人，古代亞洲和近代高度文明的國家，都不懂得榮譽規則的原理。希臘人和羅馬人崇尚勇敢，卻不懂得為榮譽決鬥的意義，因為決鬥是為既存的偏見所作的一種「殘忍的犧牲」，即為「自由和高貴」所作的一種殘忍的犧牲。古代的人沒有這樣的「偏見」，「他們對於人的事情常採取一種自然的和沒有偏見的觀點，不允許此類惡劣的、可惡的愚昧來影響自己。被人摑了一記耳光，他們認為只不過是一記耳光，一個沒有什麼了不起的肉體上的傷害而已。而近代人卻認為這是一件非常了不起的事件，是悲劇的一種題材。如果法國有某人挨了一記耳光，它的迴響也許要從歐洲這一端傳到那一端。」

叔本華的這個說法也許誇張了一些，不過大體上是合乎實情的。但是，他似乎推崇武士榮譽的原則，對古代希臘人和羅馬人並不欣賞，尤其是他對希臘人和羅馬人所崇尚的勇敢大加貶斥，說勇敢實際上是「一種從屬的德性。比低等動物都不如，我們沒有聽說過人能像獅子一般的勇敢」。只要我們回想一下前面談到的叔本華對勇敢的看法，便可以知道，他對勇敢是懷有極大的偏見的。

他甚至還認為，武士榮譽的原則對社會有所助益，說「良好社會中人的風度和談吐最終是建立在這種榮譽的原則上。榮譽的原則和決鬥就成為反對粗暴和野蠻屠殺的主幹」。「武士的榮譽決不能作為社會的一種支柱，但它為欺詐、邪惡、缺少考慮和風度確確實實的提供了一種救濟辦法。因為沒有人願意冒死來糾正別人粗魯的行為，粗魯的行為也就常在人的沉默中過去了。」

由此我們不難想到叔本華為「武士榮譽」申辯的結論，那就是：以暴力對付暴力，以粗魯對付粗魯，以侮辱回敬侮辱。他舉例說，當我們對一隻狗咆哮時，它也會反過來向我們咆哮，只要摸一摸它，它就會馴服地搖尾巴。「同樣的，在人性中也是如此，多是以牙還牙，以暴易暴……在這個世界上，除了某些宗教外，沒有地方會默默地接受侮辱的。」

最後，叔本華還談到了「國家榮譽」。在他看來，國家榮譽是一般人民和武士榮譽的結合，它是指在許多國家的關係之中，一個國家應有的榮譽，它「包含著一種意義，就是所提出的主張，不僅要人們信賴，而且使人畏懼」。國家受到了侮辱，是沒有法庭可以申訴的，而只有力量（武力）的法庭。因此，每個國家都應當準備好維護自己的利益，攻擊國家的權利就必須加以制裁。

瞭解了叔本華關於榮譽的觀點，我們對這位孤獨的思想家又有了更深的理解：原來，他還是並非只關心自己，並非對自身存在以外的一切不聞不問。透過他對榮譽問題的論述，我們發現他也重視人存在的社會性，重視人在社會中應該盡到的職責，強調尊重他人以及與他人和平共處，強調榮譽的不可喪失性。他雖然不關心國家政治，但是我們看他對國家榮譽的觀點，卻發現他很看重國家利益，強調要用武力來保衛國家的利益——儘管他討厭他的祖國德國，也討厭德國政府。

這一切都表明，大凡同人的現實存在有關的一切問題，都是叔本華所關注的對象；他在現實生活中可以像一個邊緣人那樣不介入很多他所反感的事務，可是他作為一個思想者，卻不能將它們完全忽略。既然他的哲學是「生命哲學」，當然就得把全部生命現象，尤其是人的存在納入到自己的討論範圍之中。

我們也一再強調，一個思想家，他本身在生活中怎麼去做、怎麼表現是一回事，而他怎麼去想、怎麼思考，態度和觀點如何，又是另一回事。實際上，叔本華對現實是抱著非常清醒的現實主義態度的。他既瞭解我們的過去，也對我們當下的現實有著深刻的洞察，在他的看法和評價之中，不乏具有積極啟發意義的觀點。

不過，他從榮譽角度對古代社會及古代亞洲所表示的不滿，以及他對以粗暴來捍衛榮譽的「武士榮譽」的推崇，讓我們無法贊同。他所看重的以暴易暴的「強權原則」，彷彿也讓我們看到了後來尼采的「超人哲學」中「權力意志」以及法西斯主義的某些影子，只不過他在這裡尚未充分展開論述。

永恆的名聲

毫無疑問，名聲幾乎對每個活著的人都是一個巨大的誘惑，大概很少有人不關注這個誘惑。中國古詩中有「忍把浮名換了，淺吟低唱」的句子，只一個「忍」字，便透露出幾分無奈和於心不甘。

尤其是當我們在思考人生的「永恆」問題之時，名聲的意義與價值便凸現了出來。古代埃及的法老為了追求永恆和靈魂不朽，建造了龐大的金字塔，殫精竭慮地發明了保存屍體的方法，法老的名聲便與不朽的金字塔聯繫在了一起。中國古代的聖人孔夫子將「立言」列為人生永恆的「三不朽」之一，而他自己也因「立言」至今不朽。古代希臘人把對永恆的追求寄託在對秩序與和諧的追求之上，創造了永恆的神話、神廟和藝術品。中國魏晉時代的「形神之辨」，關注的核心問題，亦是人生永恆的問題

古往今來，恐怕沒有誰會幼稚到把永恆的希望寄託在人的肉體之上，都不約而同地把目光投向了名聲——無論是什麼樣的名聲，都竭盡全力追求，甚至到了「不能留芳百世，也要遺臭萬年」的地步。

人們常說，人生在世，不過名利二字。名不等於利，但有了名就會有利，而有了利卻不一定有名。利只在生前才對人有意義，名不僅在人的生前有意義，而且在人死後依然會存

在。因此，人們不會只滿足於追逐利益，更要刻意追逐名聲，有時哪怕追逐的是虛名，人們也會在所不惜。在人生的名利場上，名的誘惑力，往往超過了利的誘惑力。

在叔本華看來，名聲和榮譽之間存在著一種類似於親兄弟一樣的關係：名聲是永恆的、不朽的；榮譽卻是短暫的、易逝的。名聲不可能人人享有，榮譽則是在相同條件下每個人都可能有的。名聲要由他人賦予，而我們自己則有權賦予自己「榮譽感」的品格。名聲可以使人們永遠懷念我們，而榮譽最多只能使他人認識我們。

不過，我們必須注意，叔本華強調，他所討論的「名聲」不是那種轉瞬即逝的虛名，而是「極高層」的，是名聲這個詞的「真正意義」，是只有具有特殊卓越成就的人才能獲得的名聲。除此之外的其它「名聲」，都不能算作真正的名聲。

真正的名聲之所以不可能人人都有，之所以為極少數卓越者才擁有，是因為它必須要有成就作為鋪墊，否則即是虛名、空名、浮名。一個人可以很有錢，也可以手中握有大權，但卻未必有成就；人們知道他們僅僅是因為他們有錢、有權。還有人因為唱幾首歌，跳幾個舞，演幾部戲，或別的什麼事，但這也算不了什麼成就，他們的名聲如曇花一現，更不用說永恆；那是一般追名逐利之徒永遠不可企及的，他們只知道把名聲作為點綴或謀生的手段或招搖的招牌。

在叔本華看來，與真正的名聲有關的成就，可以分為兩類：立功和立言。它們是通往名聲的兩條大道。

立功就是建功立業。叔本華認為，立功必須具備的主要條件，是「一顆偉大的心靈」。但是，已成就了的功業如過眼雲煙，其影響只能持續很短暫的時間，因而與永恆無緣。「功業留給人們的是回憶，並且在歲月中逐漸消失和變形，人們逐漸不再關心，終至完全消失，除非歷史將它凝化成石，傳留後世。」（《人生的智慧》，以下引文均出自此書）

比如，希臘化時代馬其頓的亞歷山大大帝曾建立過橫跨歐、亞、非三大洲的龐大帝國，但是他留在我們心目中的只是他的事蹟，而這些功業事蹟早已隨著歲月的流逝，了無痕跡，如夢一般消失了。

如此說來，我們所謂的「千秋功業」，照叔本華的看法，都算不得是永恆的名聲，而只能顯赫一時。平心想來，這並非沒有道理。咱們中國人的祖先，如果從帝堯、帝舜算起，有多少人建立過顯赫的功業，一時間威震八方，其中不乏具有偉大心靈者。可是，他們的功業都化作了歷史教科書中沒有生命的枯燥的文字，我們從那些文字中知道曾經有過什麼人在何時何地做過什麼事，如此而已。歷史教科書像一張打魚的網，它從生動豐富的生活中打撈出值得記載的事蹟，把它們變成冷冰冰的文字，而鮮活的生命，跳動著的情感、思想、靈魂、生動的感受等等，全部都從網眼中漏掉了。枯燥的文字怕是不能永恆的。

再者，建功立業需要依靠機遇才能成功，因此，由機遇而得來的名聲固然有功業本身的價值作為支撐，但是名聲的顯赫和光輝卻是靠了風雲際會的特殊環境才讓人感受到的。比如在戰爭中立功，戰功是一種個人成就，「它所依的是少數見證人的證詞，然而這些見證人並非都曾在現場目擊，即使果然在場目擊，他們的觀察報導也不一定都公正不偏」。

建功立業雖然有種種弱點，但它最顯著的優點卻在於它是一件很實際的事，能夠為大多數一般的人所理解。所以叔本華說：「除非我們事先對於創立功業者的動機還不清楚，否則只要有了正確可靠的資料，我們便可以作公平的論斷。若是不明了動機，我們便無法真正明白事功的價值了。」

從這些討論中我們不難發現，儘管叔本華肯定了功業所帶來的名聲，肯定了建立功業需要有「偉大的心靈」，但顯而易見的是，他對功業以及由它所帶來的名聲評價並不高。我們無法知道這當中的確切原因，只能推測這大概是由於他一生從未參與任何建功立業的活動，以對宇宙人生的沉思冥想為己任有關吧。

在另一方面，能為人帶來名聲的是立言這條大道，即通過著書立說而使名聲遠揚。立言所必需的條件是要有一個「偉大的頭腦」，由這個「偉大頭腦」所產生的作品可以永垂不朽：「……才華四溢的名著，卻是活生生的靈感泉源，可歷千秋萬世而長新……著作的本身便是不朽的，一旦寫好書篇，便可永久存在。」在叔本華看來，柏拉圖、亞里斯多德、荷馬等人的著作，古代印度教的著作和《奧義書》，都屬這類可以永久存在的不朽著作。

立言與立功不同，不靠偶然的機遇，主要依靠立言者的品德和學問。偉大的立言者和著作可能被埋沒，但是終究會被世人所發現。只有追求虛名的人，才會憑偶然的機遇獲得一時的名聲，而最後將會被時間的長河無情地淘汰。

偉大的著作所具有的價值是常人難以判斷的，尤其是那些內容深奧的著作，它們所包含的真正價值總難以為人所瞭解，因此常常需要等待時日。再加上人們很難全面而深刻地理解一部偉大的巨著，而誠實正直、公正不倚的批評更是非常罕見。所以，叔本華認為，由立言所得來的名聲，通常要由許多判斷的積累而成。

功業隨著時間的流逝，留給人們的只是回憶，很快會成為陳年舊物。但是，越是有價值的著作，總會隨著時間的推移而歷久彌新，總會不斷出現新的生命力，不會過時。「所以，著作不會長久被誤解的，即使是最初可能遭到偏見的籠罩，在長遠的時光之流中，終會還其廬山真面目。也只有經歷了時光之流的沖激與考驗，人們方能來評論著作，而它的真正價值也才會顯露出來；獨特的批評家們謹慎地研究獨特的作品，並且連續發表他們有份量的批判。這樣無數個批判逐漸凝聚成對該作品的公正不倚的鑒定，此種鑒定有時需要好幾百年方能形成，不過以後任憑更長的光陰也無法將其改變了，立言的聲名就是這樣的安全和可靠。」

從這種種分析中，我們可以看到，人生中能夠不朽的，恐怕就只有人們身後留下的著作了；其它的一切東西，財富、地位、權力、浮名等等，在時間長河中統統都是過眼雲煙，都會消失無蹤。立言者通過著述，把自己的心靈、思想、情感、對天地人生的感悟和自己的生命融鑄在作品之中，使之成為內在生命的唯一延伸，因而成為永恆。

叔本華顯然充分認識到了著作和由此帶來的名聲所包含的內在價值，因而傾注了很大的注意力來詳加討論。再聯繫他的著作的命運，我們也深感他是有感而發。他當然看重由著作帶來的名聲，它不僅僅表示對他思想的價值的認同，而且也與生命的意義和永恆相聯繫，因此就絕對不是一般凡夫俗子和追名逐利之徒以己之心度人所能理解的。如果一個以著作終身、探索人生奧秘的思想者不看重名聲，那才是天下最奇怪、最匪夷所思的事。然而，看重名聲和不顧廉恥沽名釣譽之間，存在著水火不相容的本質區別。叔本華不是平生大部分時間默默無聞，他的著作不是長久無人問津嗎？他何曾有過低三下四、挖空心思、削尖腦袋、不顧廉恥地去沽名釣譽、追逐浮名？再說，他在晚年看見自己的著作像出土文物一樣被人們發現、認同、稱讚，並由此表現出欣喜，也是十分自然的。如果一個人自詡清高，不把一切放在眼裡，即使這不是一種虛偽的表現，那麼他也完全沒有必要向世人宣稱自己的清高，默不作聲才合符他的清高品性，並且他應該什麼都不說，什麼都不寫。

說到底，這世上沒有人是只把著作寫給自己看而不希望別人的認同。中國過去常有人宣稱自己的著作不是寫給世人看的，而要「藏之名山」。其實，這種人內心的真實情懷恰恰是企盼有人慧眼識「金玉」，此生此世不能被人發現，來生來世也行。所以，我們切不可被這類表面上藐視一切的清高言論所迷惑，而要識破這層惑人外表之下的真面目、真實情懷。

叔本華及其著作的命運所告訴我們的是：他對世俗的虛偽絕不留情，因而被虛偽的世俗所不能容忍。

叔本華深知這一點，深知要讓人們認識到偉大作品的價值之不易，所以他說：「作者能否在有生之年見到自己的盛名，這是有賴環境和機緣，通常愈是重要和價值高的作品，它的作者愈不易在生前博得名聲。」作品的價值與名聲的關係，就如身體與影子的關係，有時影子在前，有時影子在後，但它們始終不會相互分離。他援引歷史上的例證說，早在西元前四世紀，就已經「有壞蛋懂得如何以惡毒的方式來漠視和壓制一部作品真正的價值。他們也曉得如何在大眾前隱藏好的作品，好使低級作品能暢銷於世。在現代，我們依然可以發現這種手法，它通常表現在一種嫉妒的沉默中」。

的確，漠視和沉默，是世俗壓制一部偉大作品最常見、也最陰險的一種方式；人們未及注意到的情形，往往占少數，並有某些特殊原因。比如卡夫卡，他的作品在他去世後二十多年才引起人們注意，那是因為他生前不願發表自己的作品的緣故。叔本華的《作為意志和表象的世界》出版後，德國哲學界的權威們所作出的反應便是漠視和沉默，以此來「忽略」那最終無法忽略的作品和名聲。

我們還會發現一個規律性的現象，即出名越快，名聲失去得也快；出名越晚，被埋沒得越久，就越容易長存不朽。叔本華就這種現象打了一個形象的比方，說能夠流傳後世的名聲就像橡樹一樣，生長得慢，活得也長久；一時流傳的名聲好像一年生的植物，時間一到就會凋零；壞名聲則如菌類，一夜之間長滿田野，用不了幾天就枯萎了。這一類事例實在多得數不過來。遠的不說，只要看看我們現在世俗的夜空上迅速升起又迅速消失的各種「星」，就會知道這種人間喜劇是永遠也上演不完的。

何以出現得晚而又能長久流傳的名聲會是一種規律性的現象？叔本華對此的解釋是：「所謂屬於後世的人，其實是屬於人性全體；他的作品不帶有特殊的地方色彩或時代風味，而是為了人群大眾所寫，所以他的作品不能取悅於他的同時代人，他們不瞭解他，他也像陌生人一樣生活在他們之中。他們比較欣喜能夠窺見他們所處之時代的特色，或者能夠捕捉此一刻的特殊氣質之人，然而如此得來的聲名卻是與時俱亡的。」這大概就是通常所說的「遠香近臭」的普遍心理吧。

這種情形在文學藝術作品方面表現得尤其突出。叔本華認為，文學藝術作品「顯示了人類心智的最高成就」，因而在剛出現時多半得不到好評，「一直在陰暗處生存」，直到它們得到具有高度智慧之士的賞識，同時借助他的影響，才能得到永垂不朽的地位。

既然文學藝術作品顯示了人類心智的最高成就，在叔本華看來，智慧不足的人便看不出其中的價值，無法欣賞其中的美，「因為在一隻狗的心目中，世上最好的東西還是一隻狗，牛，還是牛」，所以，「枯燥的人喜歡無味的作品，普通人也愛看普通的文章，觀念混亂的人只欣賞思路不清的著作，沒有頭腦的人所看的也必是空無一物的書籍」。結果，各個時代的聰明人便只有歎息這世上常常沒有真正欣賞高貴思想和天才作品的人。「我們該做的事只有一件，但卻是一件最困難和不能辦到的事，那就是要求愚笨的人變得聰明，而這根本是不可能的事。膚淺愚蠢的人從來就不曉得生命的意義，他們只知用肉眼而不知用心眼，因為善對他們而言是陌生的東西，所以他們就只有讚美那些老生常談的事物。」

叔本華的這些說法雖然刻薄了一點，但是我們不得不承認，它們是有道理的。中國民間俗話也說，世界上什麼病都可以治，唯有愚笨無藥可治。事實也的確是如此。正因為庸人太多了，才使偉大的作品顯得孤單，無人問津。

在另外一方面，人性中的種種卑劣方面也會出來壓制偉大的作品。倘若一個人因為其作品出了名，便是在同類人中出人頭地了，與同類相比，同類自然就變得渺小了。正如歌德所說的，「讚美他人就是貶低自己。」咱們中國人也說，「一將功成萬骨枯。」名利場上的是非風雨，通常都是人性卑劣方面化了裝的表演。一旦有傑出的人物和作品出現，偽君子們和庸人們就會攜起手來以各種方式進行壓制和排斥。

再說，作者的名聲，與他的作品的讀者多少經常是成正比的。媚俗的作品之所以經常在名聲方面超過優秀的作品，就在於它們迎合了占人群多數的智慧不足者和庸人。學術著作比文學藝術作品更難受一般大眾的瞭解和歡迎，其中尤以哲學著作為最，「因為它們的目標晦澀，內容又沒有用處」，除了學術圈內的人之外，不會對一般大眾產生吸引力。

這一切，都同名聲的一個根本特點有關，即名聲要由他人賦予，而不是自己吹噓或賦予的！

從立言者自身的角度看，大凡偉大的立言者同他的時代、世俗都是格格不入的。他總是以挑戰者的姿態反抗現存的一切，從統治者到一般世俗的習氣。他總是與主流社會相對立，離經叛道，堅持真理，不畏權勢。如果不是這樣，他就談不上偉大了，與芸芸眾生毫無二致。如果他堅持以反叛者和挑戰者的姿態出現，憤世嫉俗，敢於說出人們不敢說或故意掩蓋的真理，那麼他怎麼可能指望與他相對立的那些人賦予他名聲呢？

不朽和永恆，是在它們自身之中；因為它們本身具有不朽和永恆的價值，才順理成章地有了不朽和永恆的名聲。這一切絕不可能由它們之外的任何東西賦予，更不可能由凡夫俗子來賦予。外來的認同、讚美，僅僅是對具有永恆和不朽價值的東西的承認、發現、擁戴而已。從這個根本的意義上來認識名聲，才會更清楚地知道名聲不等於價值；它只是對具有價值的東西的認同。

所以，叔本華說：「若把價值或缺乏價值的標準放在別人的想法上，活著便很可憐了……每個人生活、生存是為了自己；同時重要的是活在自己之中。他成什麼，他如何生活，對自己比對他人要緊得多；所以假使他在這方面不能得到自己的尊重，在別人眼裡他也值不了多少了。其他人對他的評價是二等和次要的事，並且受到生命裡一切機運的支配，並不會直接影響他。別人，是寄存我們真正幸福的最壞之所。也許可能寄存想像的幸福在他人身上，但真正的幸福必須存在於自己中。」

所以，真正偉大的心靈應當是獨立不依的，同時也是孤獨的。他不怕別人的不認同，也不怕別人的反對和壓制；是真金就不怕烈火煉，並且總會發出奪目的光彩。他所擁有的優秀品質和價值，他的作品的價值，不會因別人的認同與否而有所改變。

這樣，我們經常見到的結果是：真正偉大的心靈和偉大的作品的名聲，往往是在身後獲得的；時間是檢驗一切的最高法官。正如叔本華所說：「偉大的精神，或者睿智，一旦印記在作品上，便會受到未來無數代的讚賞，曾使他幸福的思潮也會帶給遙遠之後的高貴心靈同等的喜悅與研究的興趣。身後之名的價值乃在於它是純正不偽的，它也是對偉大心靈的報答。註定要得讚賞的作品能否在作者生前獲得，全憑機會，所以並不重要。」

這樣一個偉大的心靈，可以說對名聲既看重，又不看重。他之所以看重，是他把自己畢生的追求、信念、思想、生命化作了自己的作品，以這種方式來確證自己存在的意義和價值，以這種方式向人們宣告世界和人生的真理，因而希望看到由此而來的反響。他之所以不看重，是他深知真正有價值的東西和真理很難為世俗所理解，他的挑戰和反叛姿態不能為制度和社會所容忍；但是他決不妥協，不希求得到它們的認可，從而堅持自己的操守，矢志不渝，堅信有價值的東西絕不會永遠被埋沒。

叔本華引用了一句很能說明問題的諺語。諺語說：「名聲躲避追求它的人，卻追求躲避它的人。」

第六章：戀愛與女人

性衝動對意志的肯定

我們已經知道，叔本華終身未娶，至死都過著獨身生活。但是，他同異性有過接觸，甚至還有過一次短暫而瘋狂的戀愛經歷。作為一個以探索人生重大問題為己任的思想家，他絕對不會忽視人生問題這個複雜而廣闊的領域，即性、性愛、婚姻和異性的領域。

這個領域，無論在哪個國家、哪個民族、哪個時代，都被人們當作一個同我們的生存息息相關的重大領域而被嚴肅認真地加以對待。從遠古氏族部落的生殖崇拜、圖騰、禁忌，到文明時代對愛情、婚姻的謳歌，其間既有對性、性愛的詛咒，也有對它們的神秘化；既有對它們的熱情讚頌，也有對它們的理性探討。

大體上，神秘主義、禁慾主義、理想主義一直是統治著這個領域的主要思潮，縱慾、享樂、色情等傾向幾乎無一例外地受到抨擊和譴責，因而，這也是人生問題中禁忌最多、最嚴的一個領域。儘管如此，人們的談論從來就沒有中斷過，於是便形成了一個怪圈：禁忌越嚴，人們越是要談；越是要談，禁忌越多，如此循環不已。

當我們嚴肅認真地來談論這類問題的時候，很容易發現，性、性愛、婚姻等等問題，從來就不止是它們本身。也就是說，一旦談到它們，必然會牽涉到幾乎所有的人生意義和價值問題——生與死的意義，道德的價值，對人生意義的理解，人生方式的選擇，人生理想的定位和追求……

與此同時，我們也必須承認，這些糾纏不清的問題，是最難於討論清楚的，絕對不存在一勞永逸的解答方案。也許，它們的魅力既來自這些與我們的生存密切相關的問題本身的誘惑，也來自它們沒有一勞永逸的解答；否則，如果像數學公式一樣具有一種不可更改的普適性，那麼魅力就全然消失了，我們便不會有任何探討的熱情和興趣。

在這一章裡，我們就集中地來看看叔本華對性、性愛、婚姻等人生難題的解答。

首先是性、性慾和生殖的問題。

如果我們不那麼健忘的話就會想起，叔本華探討生命現象（生與死）的出發點是作為世界的本質和「自在之物」的意志，即代表著不可遏制的、盲目衝動的慾求的生命意志。正如他那句名言所說：「哪兒有意志，哪兒就會有生命，有世界。」一切存在都是意志的表現，是對意志的肯定；一切不存在都是對意志的否定。

叔本華對性、性慾和生殖問題的探討，同樣沒有離開上述前提。一言以蔽之，性、性慾和生殖，都是對生命意志的肯定。「意志的肯定就是不為任何認識所干擾的，常人的慾求本身，一般彌漫於人類生活的就是這種慾求。人的身體既已是意志的客體化，如意志在個體中所顯現的那樣，那麼，意志的，在時間中開展的慾求就等於（是和）這身體（平行）的詮釋文章，是解說全身及其部分的意義，是同一自然之物的另一表現方式，而身體原也就是這自然之物的現象。因此我們也可用身體的肯定以代意志的肯定。一切複雜的意志活動，其基本課題總是滿足需要，而需要是和身體的生存分不開的，是已表現在身體的生存中而又都是可以還原為個體保存和種族繁衍的。」（《作為意志和表象的世界》，以下引文均出自此書）

性慾代表著生殖的慾求，體現了生命意志繁衍種族的需要，這一點恐怕任何人都難以否定。不如此，就根本無法理解性慾的實質。人們經常所說的「生命本能的原始衝動」，其中最主要的衝動之一便是種族繁衍的性慾衝動（另一重要方面是保存個體生命的衝動，包括對飲食、安全的需要）。

性慾作為對生命意志的肯定，已經超出了對個體生存肯定的範圍，也可以說，它基本上與保存個體的生命無關。叔本華對此的解釋是：「本人生存在時間上是這麼短促，性慾的滿足卻肯定生命到個體的死亡之後，到無定期的時間。永遠真實而守恆的大自然，這裡甚至是坦率的大自然，完全公開地把生殖行為的內在意義擺在我們面前。自己本人的意識，衝動的強烈，也都告訴我們在這一行為中表現出來的是最堅決的生命意志之肯定，純粹而不帶其他副作用（如不帶否定別的個體）；於是作為這行為的後果而出現於時間和因果系列中的，亦即出現於自然中的，就是一個新的生命。」

從這裡可以看出，性慾雖然與保存個體生命無關，但是也不否定個體的生命。一個個體賦予另一個體以生命，是性慾衝動的結果，是以繁衍新生命的形式來堅決肯定意志。從這個意義上看，我們也可以把性慾和生殖看作是肯定意志的最高形式。

此外，我們還必須注意到，賦予生命的個體和被賦予生命的新生命，它們之間雖然有時間上的先後，但在叔本華看來，它們在本體上或理念上卻是同等的，即都是對生命意志的肯定。把一個個生命個體聯結起來的，便是性慾衝動和生殖繁衍這根強大的紐帶，由此，生命的「族系」就聯結成一個整體，這個整體在性慾和生殖的推動下生生不息地永遠延續下去。

其實，我們在中國儒家思想中可以看到叔本華的思想的另一種表述形式。中國傳統思想的自然性質，在生殖繁衍、祖先崇拜、人倫關係之中，體現為把血緣紐帶理解為一種天然而神聖的基礎。遠古藝術中魚和瓜的意象所包含的象徵意義，便是強大的生殖力。由對生殖力的崇尚，產生了對祖先的崇拜；由對血緣的重視，產生了區分人與人高低貴賤的人倫等級觀念。社會秩序和制度，全以天然的血緣關係為基礎；以制度來肯定代表著生殖力的血緣關係。

叔本華還進一步解釋說，從賦予生命者的角度看，繁衍新生命是他堅決肯定生命意志的表現；從被賦予生命者的角度看，生殖繁衍並不是顯現在他身上的意志的根據，因為意志本身沒有原因，也沒有目的，無始無終。生殖僅僅是意志在此時此地顯現的偶然原因，即使沒有生殖這個偶然原因，意志也會借其它偶然原因顯現出來。因此，生者的意志和被生者的意志是完全相同的。「隨著超出本人身體的那一肯定，直到一個新體的形成，附屬於生命現象的痛苦和死亡也一同重新被肯定；而由最完善的認識能力帶來的解脫的可能性，在這兒卻被宣佈無效了。」

新生命的誕生於是成了偶然：偶然的時間、偶然的地點、偶然的性行為，意志便以新生命的方式顯現出來。但是，新生命的誕生也是必然的，即意志的必然顯現。

理解了性、性慾和生殖的實質之後，再來看人們在實際生活中對它們的態度：一方面，人們重視性慾和生殖，把它們及與之有關的性愛、婚姻看作是人生最重要的事，所謂「食色，性也」，所謂「不孝有三，無後為大」，所謂「喜事」等等，都是這一觀念的表現形式；在另一方面，人們又談性變色，把性看作導致人墮落的洪水猛獸和罪惡。或許，人們越是看重的東西，越是要給它蒙上神秘的面紗，塗上禁忌的色彩，甚至以相反的方式——詛咒——表現出來。比如，中國人看重生殖力和「傳宗接代」，中國人的詛咒言語幾乎全部與性、生殖和生殖器官有關。信奉基督教的西方人看重宗教，看重天堂、地獄、原罪、末日審判等等，因而詛咒的言語多半與地獄、犯罪、魔鬼、邪惡有關。

研究這些問題，是一項有趣而又複雜的課題；不過，它此刻不在我們討論的範圍內。我們從叔本華的討論中注意到，他認為人們對生殖行為的「害羞」有著「深遠的根由」。例如，在基督教的教義中，「害羞」的觀念是以「神話」的方式表達出來的，即人類的祖先亞當由於貪歡（僅僅是性慾的滿足）而獲罪，由此人類的子孫後代都有罪（原罪），活該在世上受苦、受罰和死亡。

性的滿足是一種過失的觀念，在希臘神話中也有表述，那就是關於冥王哈德斯之妻普羅塞賓娜的神話。普羅塞賓娜只要沒有吃陰間的果子，她就還有可能從陰間回轉到人間來；但是由於她在，同樣也不重要了。這就再一次強調了，性衝動和生殖是肯定生命意志的最高形式。叔本華甚至把古代詩人和哲人對愛與愛慾的謳歌，也看作是對他的這一觀點的證明，例如希臘詩人赫希俄德和哲人巴門尼德斯稱愛神是造物主，是一切事物所以能發生、發展的源頭。

不過，赫希俄德和巴門尼德斯的說法似乎與叔本華的說法有一個區別：前者更強調愛慾是一種原動力，一種創造，一種具有本體論意義的因素，不妨可以說它是對原始性崇拜觀念的一種昇華。愛慾通過創造生命這一存在的最高形式，體現了自然和生命的基本法則。而叔本華所強調的性衝動是對生命意志的肯定，其中代表原動力和本體的卻是意志；只有意志才是世界和生命的本質，性衝動不過是意志藉以顯現自己、維持種族繁衍的一根紐帶。

無論怎麼說，創造生命都是宇宙間頭一件了不起的創造。倘若照基督教教義的說法，上帝在實質上就是創造力的化身：他不僅創造世界，也創造生命；人這種具有意識的生命的最高形式，是上帝按照自己的形象創造出來的，因而人也分享了上帝的神性和上帝的創造力。以這種觀點來看，性衝動便是代表著生命本身的創造力的衝動，對它的讚頌和謳歌，也就是自然的和無可非議的。

再回到叔本華的觀點上來。如果我們還記得的話，叔本華在談到意志的客體化時曾提到過這樣一種觀點：意志的活動在生命物身上體現為身體的活動，因此，身體的活動就是意志活動的客體化。意志活動中的任何一種衝動，都有其客體化的形式，例如牙齒、食道、胃腸的蠕動，就是饑餓這種衝動的客體化。那麼，性慾、性衝動的客體化，就是生殖器。

我們知道，生殖活動必須通過生殖器官來進行和完成，在性和生殖崇拜中，性器官是崇拜的主要對象。這一認識在眾多原始部落的遺存物中可以找到大量證據。

以叔本華的意志哲學來看，「性器官比身體上任何其他外露的器官更是只服從意志而全不服從認識的」。意志活動與理性無緣，是直觀的、無目的的、盲目的；認識活動總與理性、理智沾邊，與邏輯、目的性有牽連。因此，性器官同其它器官相比，就集中體現了意志的不可遏制的盲目衝動！

就此，叔本華還說：「意志在這裡，幾乎和它在那些只憑刺激作用而為植物性的生命，為繁殖而服務的身體部分中——意志在這些部分中只是盲目地起作用的——和它在無知無識的自然界中，是一樣的不依賴於認識。原來生殖只是過渡到一個新個體的再生作用，等於二次方的再生作用，和死只是二次方的排泄相同。——以這一切為前提，性器官可說是意志的真正焦點，從而是和腦，認識的代表，也就是和世界的另一面，作為表象的世界相反的另一極。」

從這段話中可以看出，叔本華把性器官和大腦看成是相反的兩個極：一個代表生命意志的盲目衝動，另一個代表理智的思考，這兩者是沒有調和的餘地與可能的。並且，性器官還是意志的焦點，實即核心，那麼它的地位自然也就極其重要，也表明了他對性器官的重視，因為生殖的衝動、種族的繁衍，要由性器官來完成和實現，能夠「在時間上保證生命無盡的原則」。

這樣來看，對生殖器官的崇拜便是有根據的了。當然，這種根據不一定是叔本華所說的「意志的肯定的象徵」，完全可能是對生命力和創造力的肯定，並隱含著生命對自身在時間中獲得永恆的嚮往，以及對生命自身的無盡的留戀。

如果從人性和人道的意義上看，由於對生命的依戀和嚮往而崇拜生殖力及其相應的器官，應當說是合乎人性和人道的，同時也是最合乎自然之道的。

戀愛的秘密

如果說性衝動更多地與人性中自然性的一面相聯繫，是生命本能的衝動之一，那麼性愛──異性間的愛慾和愛情──就更多地同人的心靈（認識、理智、情感、想像等）相聯繫；因而，同相對單純的性慾和生殖衝動相比，性愛就更為複雜，牽涉的方面就更多，完全不是三言兩語就可以說清楚的。

除了原始氏族、部落中的圖騰、禁忌、生殖崇拜之外，我們在文明社會的各種著作和文藝作品中，更多地看到的都是對於性愛的探討、思考、描述、表現、讚頌。無論是在西方還是東方，也無論是在古代還是現代，性愛始終占著一個十分突出的位置，尤其是文藝作品，幾乎無一例外地與此有關，並且有不少成功的作品成了不朽的典範，比如中國最早的詩歌總集《詩經》中的不少篇章，魏晉南北朝時代的樂府民歌，莎士比亞的《羅密歐與茱麗葉》，盧梭的《新愛洛綺絲》，歌德《少年維特的煩惱》等等。

幾乎是每個時代、每個民族的詩人、藝術家都要描繪自己時代和民族動人而哀婉的愛情故事，以至人們都說：愛情是文藝的永恆主題。的確，性愛、愛情是文藝的永恆主題，既古老，又常新。於是，我們可以提出一個不大不小的問題：人們為什麼不會對反反覆覆描繪性愛感到厭倦，為什麼總是樂此不疲？

事實上真的是樂此不疲，但要說清楚為什麼，就不那麼容易了。只要稍加留意，我們就會發現，在人們對性愛的描繪和思考之中，始終處於中心地位的是性愛中的激情；種種的喜劇和悲劇，都是為著激情而上演的。為了兩廂情願、兩心相許、生死不渝，人們可以拿出一切——包括生命本身——作為代價和賭注，不顧一切地享受激情帶來的歡樂，也不顧一切地為激情而付出。

但是，叔本華卻注意到，在他之前，「何以歷來哲學家竟對這人生的重大要項（即性愛）幾乎全未加以觀察研究？為什麼性愛問題，一直成為哲學領域中未開闢的園地？」（《性愛的形上學》，以下引文均出自該文）這確乎是讓人很費解的。他所列舉的討論過性愛問題的哲學家寥寥無幾：談得最多的是柏拉圖，盧梭談到過，但不充分且有錯誤，康德也有過膚淺的討論。他認為，在前輩之中，唯有斯賓諾莎對性愛的定義（「戀愛是伴隨外在因素的觀念而帶來的一種快感」）值得一提，因而他要把性愛問題列入他的「哲學體系」中，從形上的高度來加以討論。

那麼，性愛的奧秘到底在哪裡？叔本華告訴我們：「……所有的戀愛，不管所呈現的外觀是如何的神聖、靈妙，它的根底只是存在於性本能之中，那是經過公認的，帶有特殊使命的性本能。這一點必須牢記勿忘，性愛不僅是在戲劇或小說中表現得多彩多姿，在現實世界中亦復如此，除生命外，它是所有的衝動中力量最強大、活動最旺盛的。」

原來，秘密依然是那個集中體現著生命意志的不可遏制的盲目的性衝動！它幾乎貫穿人的一生，引起各種紛繁複雜的事件、矛盾、衝突，無論是一般平民百姓，還是最偉大的政治家和思想家，全都難逃情網。它像一個魔鬼，竭力使一切混亂、顛倒，使人誤入它的魔法。這表明，性愛絕不是一件小事，因為「所有戀愛事件的終極目的，不論是以喜劇演出，或是以悲劇收場，實比人生其他一切的目的更為重要，因此，人們在追求此目的時的態度，是非常積極、認真的」。

之所以非常積極、認真，那個「終極目的」便是生殖繁衍後代；性愛的性質就是由此決定的。這樣，性慾就在其中起著關鍵作用，它既是後代得以存在的先決條件，又是人們據以選擇對象的依據。所有談情說愛的人，都要認真考慮繁衍後代的問題，因而，在性愛中，「種族意志」高於「個人意志」。除此之外，談情說愛本身還具有一種異乎尋常的歡樂和痛苦，令人感動和崇敬的力量。正因為如此，人們才樂此不疲地以愛情為題材，始終對它充滿極大的興趣，從不會感到厭倦。

進一步看，意識深處的性衝動原本並不針對某一特定的異性，這時它只是意志的「求生慾求」的表現；一旦性衝動對準了某一特定異性，就成了「生殖繁衍的生命意志」的體現，成了人自身的主觀要求，並且巧妙地戴上客觀讚美的面具，以此來欺騙意識，「因為這是『自然』為了達到它的目的所採取的策略」。

叔本華力圖撩開蒙在性愛之上的美麗迷人的面紗，將它內在的實質揭示出來，並告訴給世人。他在用生命意志的觀念對性愛作了種種分析之後，得出的結論是：「不管這種讚美看起來是帶上如何客觀而崇高的色彩，但所有的熱戀，唯一所期望的，不外只是產生一個與種族相同之固定性質的個體，這可由一件事實獲得確證：戀愛的主要目的，不是愛的交流，而是佔有——肉體的享樂。所以，縱是確有純潔的愛，但若缺乏肉慾的享樂，前者也無法予以彌補或給予慰藉。」照這個結論來看，性愛中的愛戀、情感等等同性慾的滿足和生育繁衍相比，是次要的、表面的；換句話說，性愛中的一切姿態、表白、發誓、愛情全都是為了性慾的滿足和繁衍後代，全都是為了這一根本目的的偽裝。即使當事人事實上沒有產生子女，但產生子女仍然是整個戀愛事件的真正目的；沒有任何別的東西能比這個目的更重大、更崇高、更有價值。所以，「戀人間愛情的增進，不外是希望產生新個體的『生存的意志』而已。不但如此，在情侶們充滿愛慕的眼神相互交接的那一剎那，已經開始燃燒新生命的火焰，像是告訴他們：這個新生命是個很調和並且組成良好的個體。」

愛情中常見的兩情相悅、兩心相許，異性之間強烈的傾慕和吸引，在叔本華看來，也不過是生命意志在種族中的表現而已，「這時的意志，已預見到他們所產生的個體，很適合意志本身的目的和它本質的客體化」。意志通過父親來遺傳，智慧通過母親來遺傳。個體的人以「最大的貪慾和焦灼」來努力實現自己，而「這種貪慾和焦躁，就是將來成為『雙親』的戀人之間的激情」。這種激情還有無數的程度等級之分，處在兩個極端的分別是「平凡的愛情」和「天上的愛情」；所有的級別在本質上都是相同的。

話說到這裡，總讓我們覺得有點納悶：既然意志無始無終，無根無據，沒有原因，也沒有目的，那麼它何以在「安排」生命現象以及性愛事件中，顯得井井有條，顯得很有目的性，並且生命器官的分工還那麼細緻和嚴格，這不是有點像是由萊布尼茲所說的「上帝」這個鐘錶匠所做的工作嗎？這一切認真想來確乎是匪夷所思的。男女雙方的兩情相悅，照叔本華上述的說法，真的就像是「生命意志」有意識的安排，很難讓我們相信它是盲目的。

叔本華從激情的「個人化」的角度提出了異性相互吸引的條件。他認為，首要的條件是健康、力和美，因為戀愛的「本錢」是青春，意志想通過代表著青春的健康、力和美而努力表現出一切個性之中的「人類特質」。其次是兩個個體能夠完全相互適合，這樣他們之間的情感才會越來越強烈。但是，兩個最相適合的個體相遇的情形非常罕見，而人們在內心裡卻始終存著這樣的希望，所以文學藝術作品都把這種最相適應的情形當作最高度的愛來描寫。

如果男女雙方具備了上述條件，雙方都感到滿意，「激情就進行到愈高度，在兩個個體都覺得相互間非常適應的時候，激情上升到最高度，由此，父親的意志（即性格）和母親的智慧，合而為一，新個體於是告成。新個體因為憧憬著同種族所表現的一般的『生存意志』，這種憧憬又能適應意志的宏大性，因而超越了人心的界限，它的動機同樣也超越個人智慧的範圍，唯其如此，才是真正偉大的激情之魂。」

實際上，叔本華所說的這種「激情之魂」，近乎一種理想，帶有濃厚的理想主義的色彩，現實的狀況完全是另外一回事。由此來看他個人的經歷，也許可以說，正因為他心中存著對兩性相吸的盡善盡美的追求，又深感這在現實中的不可能，所以在經歷了那次如癡如醉的與女演員的短暫愛情之後，他便斷了這方面的念頭。當然，也可能還有別的什麼原因，我們在這裡僅僅是作一種推測而已。因為在他看來，男女雙方在心意、性格和精神方面雖能一致，但又在肉體上不調和，可以建立一種不摻雜性愛的友情，甚至還會夾雜一些嫌忌，這樣結合所生的子女，便不適合種族中所表現的「生命意志」。在另一方面，男女雙方在心意、性格、精神方面存在差異，甚至還可能懷有敵意，但仍然能夠產生性愛，因為「性慾」可以使當事的男女雙方盲目，這樣的結合都是不幸福的。既有如此的認識，恐怕叔本華是寧可獨身，也不願苟合。

除此之外，叔本華還從「本能」的角度對性愛作了深入剖析。這一層，按照他的說法，也屬於此前沒有過的。

他認為，「自然」關注的是種族，而不是個體；但是自然又要通過個體達到保存和延續種族的目的，因此它就要借助表示對個體有利的手段，即向個體「灌輸某種妄想」，「把本來是種族的事，變成好像是個體自身的事。這樣，個體表面上是為自己盡力，實際上則是在為種族盡力。因此，由種族所灌輸的「妄想」，就是本能；反過來，在大多數情況下，本能都可被看作是「種族的感覺」。個體在本能的驅使下以認真而又微妙的方法選擇一個又一個的對象，為的就是要獲得性的滿足，這與被選擇者的美醜是沒有關係的。

不過，美的意識往往在性慾之先，這是為了使性慾容易為個體所接受，同時又是為了保持種族的典型特徵。因此，叔本華說：「每個人決定『性』的喜愛和慾求的首要條件，是『最美的個體』，換言之，就是最能明晰表現種族特質的個體。第二點要求，是冀圖從對方個體上來彌補自己的缺陷，所以，一般人對於與自己缺陷相反的缺點往往認為特別的美，因之身材矮小的男人希望配個高大的女人，金髮的欲配黑髮等，都是基於這種心理。」這樣一來，這種對於美的固執的熱愛，就使得種族典型得以保存。對異性的不顧一切的熱烈追求，是由以「最完善的種族」為目的的本能所引導的，個體的活動是為了種族的幸福。

一般的本能都要受某種目的的觀念制約，但是唯有生殖本能例外：它不讓行為者瞭解目的，也討厭行為者追究目的，因為人可以理解目的。所以，本能以放蕩的妄想來蒙蔽男人；男人不顧一切地追求意中的女人，是受「生殖事件」這唯一目的的誘導，一旦性慾滿足之後，就會覺得莫名其妙地失望，覺得性慾對他並沒有什麼好處。「戀愛中人在完成這偉大的工作後，先前既有的妄想，此時完全消失，才發現自己原來是被種族所欺騙的大笨蛋。所以，柏拉圖說了非常適切的話：『肉慾！你欺騙了多少人！』」

叔本華對維持種族生存的生殖本能的強調，多少對佛洛伊德的「泛性慾」觀有過影響。平心而論，我們受理性主義觀念的影響，一經看到強調本能，總會覺得有點不自在；但是，如果把人的一切活動、行為、心理都理解為理性的，恐怕也未必能有說服力，尤其像兩性間性愛的行為、心理、活動的複雜性、多變性，更是用理性主義的觀點難於解釋清楚的。我們只能大體上說，人的行為和心理的確受到本能的驅使，但由於人有意識，能夠反省自身，認識到本能，並能在很大程度上用理智、理性去控制和約束本能。但是，這同完全不承認本能的作用，是不可等量齊觀的。

即使我們不能完全同意叔本華有關生命意志、性本能、種族的完善等觀點，但是我們也不得不承認，他對性愛的瞭解和討論的深入，是前所未有的。他所分析的性愛中的種種現象，比如男女雙方都希望從對方身上找到彌補自身不足的特點，男子得到性滿足後的莫名的失望等等，憑我們自己的體驗來說，不是經常可以見到嗎？

不僅如此，叔本華還從解剖學的角度對性本能作了更為細緻的分析，由此進一步證實性愛本能的根本，是完全朝向新生命（後代）的。例如，他指出，男人戀愛時在天性上就是善變的，女人則傾向於不變。男人的愛情在獲得滿足之後，便顯著下降，與此同時，他會覺得幾乎大多數的女人都比自己的妻子更具有魅力，更能吸引他，因而男人總是渴望變化。女人的愛情在獲得滿足的瞬間則開始上升，「這是根據『自然』的目的所產生的必然結果」，因為自然的原則是維持種族，並盡可能使之大量增殖。他假定，倘若一個男人可以隨心所欲的和不同的女人交合，一年之中就能製造一百多個子女（大概只有中國古代的皇帝才擁有這樣的「特權」）；但是，一個女人不管有多少情夫面首，一年當中也只能生育一個孩子（不包括雙胞或多胞胎）。所以，男人經常需求其他女人，而女人則忠實地守著丈夫（這讓我們想起咱們中國人常說的「癡心女子負心漢」，「老婆是別人的好，孩子是自己的乖」，以及人們喜新厭舊的心理）。

之所以如此，是因為「『自然』創造女性是為將來的子女保留扶養者與保護者，這是本能，毋須經過思慮。所以，正確的貞操觀念，在男人來說是人為的克制，女人則是自然的。不論就客觀的結果，或主觀的反自然現象來說，女人之通姦比之男人，更難以寬宥」。

只要我們看一看各個時代和各民族的習俗，就會承認叔本華所說的這些情形，都是與事實相吻合的，甚至還有比這裡所提到的情形更為嚴重的。可以說，絕大多數古代民族的習俗、制度、法律等等，對待男性比對待女性寬容；男子可以名正言順地或變相地擁有三妻四妾，甚至還有歐洲中世紀的領主享有的「初夜權」。男子的縱慾被看成是「合理」、「合法」的，女子若有越軌，則被看成是「彌天大罪」，會受到各種嚴厲的懲罰。當然，其原因未必是用「本能」就可以完全解釋清楚的。

叔本華還詳細列舉了男女兩情相悅所需的條件（這一點留待下節再談），並把它們分為三大類：第一類是「直接關係種族典型」（即「美」）的條件；第二類是關於「精神性質」的條件；第三類是所謂「相互對稱」（即兩個個體的偏頗和異常）的條件。在他看來，所有這些條件都只是本能的「偽裝」，目的在於努力維護「自己『形態』的種族感覺」。雖然如此，這些條件卻是極其重要的，因為它們直接關係到種族繁衍這個「重大目的」，必須要十分慎重和嚴格挑剔，才不至上當受騙。例如，他認為，女人只要稍稍有些駝背，她的子女就很容易患上佝僂症。足見他對性愛中生理遺傳的重視（還可以對照他對「天才」的看法）。

總而言之，叔本華反覆強調的是，在性愛事件中，種族的利益始終高於個體，個體的一切表現和作為，都是在為種族作努力。比如，戀愛中的由激情引起的只針對一個對象的專一，就是由於接受了「種族的特別命令」的表現，並且因此而具有了「崇高可貴」的色彩，否則性慾就是野蠻的和卑下的。僅僅在量方面維持種族而不顧及「質」（種族的典型），這也是不行的。

激情上升到最高度而得不到滿足，那麼世界上的一切包括生命都將喪失其價值，個體會毫不猶豫地盡一切努力來達到目的；如果這樣仍然不行的話，個體就可能陷於瘋狂，或者自殺殉情。這種激情完全是一種「無與倫比的迷妄力量」，是本能和生命意志的表現。另一方面，激情一旦得到滿足，很快就消退了，因為生命意志達到了延續種族的目的，就不再關心個體了。

我們知道，愛情中有憧憬，也有失望，自古以來它們就是文學藝術描繪的重要內容。但叔本華認為，所有這些描繪都不深入細緻，例如由於希望佔有某個特定對象和由此產生的幸福觀念，以及得不到某個特定對象和由此產生的悲痛，它們絕不是由一時的個體慾望所產生的，而是「種族靈魂的歎息」，然而它們卻成了「所有崇高的戀愛文學材料」。這一切如果不從種族的角度，是難以理解的，因為就精神上的優點而論，「女人實在不值得我們那樣熱愛，那樣尊重，同時，正如彼特拉克作品中所描寫的情形一樣，男人往往也不能十分精確的瞭解女人。唯有種族的靈魂，才能在一瞥之下看穿某男人具有如何的價值，以及男人是否存有種族的目的。」

戀愛中的喜劇和悲劇，也同樣與種族目的有關。「幾乎所有喜劇的主題，都是描寫反對人們的個人利害，因而出現以破壞這些人的幸福為目的的種族守神。通常就是由所謂『文學的正義』，來貫徹種族的目的，使觀眾獲得滿足，因為觀眾也感覺出種族的目的比個人更深遠重大。因此，在喜劇的終了，觀眾都希望看到相愛者戴上勝利的榮冠，帶著欣喜的心情回家。因為相愛的人們都有由勝利的結合而建立自己幸福的妄想，觀眾的想法亦同。」所以，在種族客體化的意志支配之下，即使是最平凡的人物，戀愛也成了他生活中最富有詩意的插曲，他的戀愛事件往往帶著喜劇色彩。

戀愛悲劇的出現，是由於激情的要求同當事人個人的幸福發生劇烈的衝突，他與所有的事情都不能協調一致，他的要求破壞了他由這些事情所建立的生活計畫。他的戀愛不但同外部的事情相矛盾，而且也同戀愛者自己的個性相矛盾，即使離開性關係來觀察對象，也會有憎惡、輕蔑、厭棄的感覺。但是，由於種族意志壓倒了個體意志，所以相戀者對自己的嫌忌視而不見，盲目地一心只求與對方永遠結合，結果便造成戀愛的悲劇。

還有戀愛中又愛又恨的心理，一方愛得如癡如醉，傾盡全力，另一方卻充耳不聞，視而不見，結果往往造成殺人和自殺的局面。這是由於戀愛者受本能衝動的支配，「毫不理會所有理性所列舉的理由」。無視周圍的一切事物，只知絕對追求的目的，毫不放鬆，更不會放棄。因為激情受挫，便步履蹣跚，心情沉重，長吁短歎，直至殺人或自殺。

種族意志正是憑藉製造種種幻想、妄想，來誘使個體去完成生殖繁衍的任務；一旦這任務完成，種族意志便遺棄了個體，使個體重又回復到狹隘和貧弱的狀態。原來，人生戀愛的種種激情和浪漫，到頭來除了性慾的滿足之外，竟然一無所獲！這原本就是意志的安排！

意志只關心種族的延綿不絕和長久存在，個體的存在只是不斷的努力、煩惱和痛苦；要徹底擺脫煩惱和痛苦，唯有否定生命意志——達到佛教所說的「涅槃」的境界。從這個意義上看，叔本華對性愛作了一個驚人的結論：戀愛是人生解脫的叛徒！

我們且聽他說：「如果我們注視混雜的人生，就會發現人們盡為窮困和不幸所煩，再不就是充滿無窮盡的慾求。為了防止各色各樣的煩惱，雖然每人都盡了全力，但除了只能保持煩惱個體的片刻存在外，再也不敢有其他的期望。然而，在這紛亂無意義的人生中，我們仍看見情侶們彼此思慕的眼光——不過，他們的眼色中，卻為何總是顯得那麼隱秘，那麼畏懼旁人，那麼偷偷摸摸的？這是因為他們原是叛徒，他們使所有即將結束的窮困和悲慘又故意地延續下去。他們仍然沿襲祖先的做法，又揭開了另一場人生的戲幕。」

儘管叔本華把戀愛的實質看得那麼透，似乎把它說得那麼沒有意思，好像大可不必為它操心操勞；可是看看這塵世上，有幾個男女不在為戀愛忙碌呢？能夠看透就已很不容易了，而要在事實上解脫出來，更是難於上青天。我們同人類的祖先亞當和夏娃一樣，始終抵擋不了那禁果的巨大誘惑……

婚姻的幸與不幸

在現代社會中，人們一般都傾向於認為婚姻關係要以愛情為基礎；事實上，性愛、愛情與婚姻有很大的差別。沒有愛情的人照樣可以在同一屋簷下維持著婚姻關係，生兒育女，相處平和。擁有強烈愛情的人不一定能終成眷屬。這兩方面的事例無須多說，我們每個人在自己的生活經歷中都耳聞目睹過。

性愛問題本來就夠複雜的了，而婚姻的複雜性又進了一層。一般而言，性愛多為自然的、個人的，婚姻則多為社會的、群體的。異性間的兩情相悅，不必取得他人和社會的認可，完全由當事人自己作主，即使遇上障礙，自主性仍占主要成分。當兩個人要結成夫妻關係時，乃至最終要解除夫妻關係時，當事人主要要受到自身以外的因素的制約，不可能完全自作主張，外來的因素經常強大到將婚姻關係徹底摧毀，比如家庭、宗族、輿論、道德、習俗、法律等等。不僅如此，婚姻關係內部也有一系列矛盾，諸如財產、子女、生活習慣、油鹽醬醋等瑣事。

性愛以情感為主要內容，在婚姻中情感則退居次要地位，功利色彩則顯得耀眼。當然，性愛雖然與婚姻有很大差距，卻不是不可以結合的，有人先結婚後戀愛，也有人先戀愛後結婚。據此，我們大致可把人們的婚姻分成由性愛而結合與由功利目的而結合這兩大類型。

從叔本華對婚姻問題的討論看，他的注意力主要集中在由戀愛而結婚之上。其實，無論是由戀愛而結婚，還是由功利考慮而結婚，頭一步，也是最主要的一步，就是擇偶，區別只在於擇偶的著眼點和看重的條件不同而已。擇偶之後，才可能有婚姻關係的建立。

在上一節中我們已提到過叔本華提出的男女兩情相悅的三大類條件，即直接關係種族典型的條件，關於精神性質的條件和相互對稱的條件。這三類條件，實際上就是他所關注的由戀愛而結婚的擇偶條件；它們全是在我們前面提到過的他對性愛的觀點之上提出的，其要求之具體，足以讓人認為他對擇偶的條件過於苛刻。以下我們就來看看這些條件的主要內容。

第一類是直接關係到種族典型（即「美」）的條件。首先是年齡。女人的最佳年齡在十八歲到二十八歲這個年齡的「黃金時代」，因為這是生殖受胎的最佳時期，處於這個年齡段之外的女人沒有吸引力。其次是健康。體質太差或者有慢性病，會使人因厭惡而退卻，因為這兩種情形對遺傳不利。第三是骨骼結構。骨骼要勻稱，不能矮胖、腿短、跛腳，腳要纖細，牙齒也要勻稱有力，因為它是吸收營養的「必要工具」。第四是肉體要適當豐滿。過於瘦骨嶙峋或過於肥胖，都令人厭惡。豐滿的乳房對男人具有非常魅力。最後是容貌的美醜。鼻子要挺俊，不能短而塌。嘴巴要小，下顎要稍微前突，眼睛和前額要美。

以上是女人應具備的條件（有幾個人能完全符合？）；從女人的角度看，種族上優秀的男人年齡在三十歲到三十五歲之間，女人憑本能知道這一年齡段是男人生殖力的頂點。女人對男人容貌的美幾乎是「視而不見」的。男人「俘虜」女人的主要條件是力和勇氣，因為它們表示能生育健壯的子女並擔當女人的保護人。男人的生理缺陷不會遺傳給子女，但是他們所特有的特徵是會遺傳的，例如骨骼結構、寬廣的肩膀、堅狹的臀部、筆直的腳、力氣、勇氣和鬍鬚等。女人會愛上其貌不揚的男人，但絕不愛沒有男子漢氣概的男人。

第二類擇偶條件是關於精神性質的。女人被男人吸引主要是性格（性格由父親遺傳），包括堅定的意志、果斷、勇氣、正直、親切等。智慧上的優異對女性不具有吸引力，因為智慧由母親遺傳，所以醜陋、愚蠢、粗野的男人在情場上經常擊敗聰慧、有修養、可愛的同性。性格上的相反相成是常見的，丈夫粗野、碩壯、見識淺薄而妻子嬌柔善感、思維纖細、有修養、有審美觀，或者男人是學者、天才而女人不學無術，這樣的情形屢見不鮮。

第三類是個體相互對稱的條件。這類條件是為了糾正和補充種族典型的不完全，因而當事人對本身所缺乏的東西發生了偏愛。它的出發點和目的都是「個人資質」，所以比上述條件更確定、更明白、更具排他性。真正激情的戀愛，多半出於這方面條件的考慮。「所以，點燃激烈愛情之火，通常不必要什麼美得一無瑕疵的女人。」（《性愛的形上學》，以下凡出自本文的引文不再註明）戀愛中的男女都存在偏缺，雙方如能中和，就能抵消各自的偏缺，因而最男性化的男人會追求最女性化的女人，沒有男人氣的男人會尋找剛健的女人；高大的女人不喜歡高大的男人，男人也一樣；白種人多半喜歡黑色或褐色配偶；獅子鼻的人喜歡鷹鉤鼻的人；身材瘦長的人喜歡五短身材者；氣質方面也如此。至於雙方調和的程度，完全由各自憑本能來感覺，戀愛中的雙方把這稱為「彼此心靈的調和」。

看了這些條件，我們或許會覺得一個哲學家來討論如此瑣細的事情，是不是有點兒太「形下」了？而且，只要稍加留意就會看出，這些條件幾乎都集中在生理方面。其實，這些都不奇怪，因為生命意志既然主要關心的是種族的遺傳，生理特徵在遺傳中就具有無比的重要性，也可以說，在性愛、婚姻、人格問題上，叔本華是一個遺傳決定論者，比如他反覆強調的個體的性格遺傳自父親，智慧遺傳自母親。生理條件上的優越，才能保證種族的純正和典型。此外，如果我們有過談戀愛、擇偶的經歷，便會相信我們多多少少都有過這些方面的考慮，尤其是在想到或看到自己的子女時，幾乎沒有一個人不會想到生理遺傳的問題。再者，我們純粹出於一種推測，叔本華所強調的種族的優越性和典型性，是否也同現代優生學的原理有著某種聯繫，或者有過某些啟發呢？

倘若完全按照叔本華所開列的這些條件去擇偶，恐怕很少有人合格——無論男人或是女人；這樣來看，第三類條件倒是顯得更適合於大多數人，因為合於「種族典型」者畢竟是極少數，絕大多數人都有這樣那樣的偏差和缺陷；互相補充與中和合乎他們實際的選擇。

那麼，人們為了什麼而結婚，目的何在？在叔本華看來，「結婚的目的，不是為夫妻間充滿情趣的交談，而是為製造子女。結婚不是心與心的結合而是身體和身體的結合。」

從這個說法中，人們也許會提出一個疑問：叔本華不是大談特談過戀愛嗎？而戀愛不就是充滿情趣的交談、幾乎不考慮子女的生育嗎？這並不奇怪。聯繫到前一節中所講到的內容，我們就會明白，叔本華所說的戀愛、愛情與我們的理解有很大的不同。他所理解的性愛、戀愛、愛情，完全是受生命意志在根本上的左右；生命意志通過生殖繁衍來強烈地肯定自己，為了達到這一目的，生命意志通過本能向個體灌輸種種充滿激情的幻想和妄想，促使個體不顧一切地去完成生命意志要他完成的繁殖後代的任務，但是個體對此一無所知，只是受幻想和妄想的蒙蔽在盲目行動。

所以，在叔本華的心目中，我們所謂的「談情說愛」，不過是繁殖後代的慾求的一種化了妝的表演而已，目的在結婚，而結婚完全就是為了生兒育女，沒有別的目的。由此出發，叔本華認為，戀愛靠的不是理性思考，而是受本能的支配；結婚時諸多的理性考慮，大多與繁殖後代這個根本目的沒有什麼關係。因此，女人為了結婚而誇獎男人在精神方面的優點，那完全是「虛假可笑的口實」，要不然就是「變態者的誇大其辭」。如果一個聰明、有教養的女人真的讚賞男人的才智和精神方面的優點，這是與結婚的目的沒有關係的。

乍一看，叔本華的觀點對我們來說是匪夷所思的，尤其是同我們現在對戀愛、婚姻的看法相抵牾。但是，倘若回頭看一下我們的祖先幾千年來的習慣做法（包辦婚姻），以及今日依然在不少地方還存在的習慣做法，除了結婚生兒育女過日子之外，哪裡有什麼被文藝作品說得神聖、浪漫、崇高的談情說愛？一個沒有受過任何教育、沒有見過外面的世界的文盲，可以生育一大群兒女，這同叔本華所說的種族延續的本能，不是可以相互印證嗎？一個文盲說結婚是為了生兒育女，我們不會加以計較；一個有教養的思想家說出這樣的話來，我們就受不了，況且他還說得那麼坦率直白。

話說回來，一般人都認為戀愛和結婚是出於理智的選擇，但叔本華卻認為「理智」不足以解釋千變萬化、五花八門的男女戀愛和結婚的現象。他還進一步提出，人們經過戀愛而結婚，其結局多半是不幸福的，因為「戀愛的結婚是為種族的利益，而不是為了個人。當然，這情形當事者是懵然無所知，總以為是追求自己的幸福，其真正目的在兩人可能產出的新個體上，他們由這目的而結合，爾後，再盡可能努力地取得步調的和諧」。戀愛時人們受本能的妄想——激情——的驅動，結婚後完成了生兒育女的任務，激情便消失了，其它與繁衍無關係的因素凸現出來，「造化便不再惦念嬰兒的雙親是否『永浴愛河』，或只有一日之歡。」因此，叔本華認為，由雙方父母安排的、以功利為目的的所謂「便利婚姻」，其結局往往比因戀愛而結婚要幸福，因為它是以雙方的幸福為目的，在進行選擇之時總帶上種族繁衍以外的條件考慮，所以是幸福的，但卻對下一代子女不利。

叔本華不贊成為了功利目的而結婚，比如為了權力、金錢而不顧自己的愛好和滿足，他認為這種婚姻是為了個體生存，而不是為了種族。「這種表現是違反真理，違背『自然』的原則，所以，易於引起他人的輕蔑。」在另一方面，當一個女人為了愛情不顧父母的勸告而毅然結婚，他認為是值得讚揚的，「因為當她的父母以自私的利己心來勸告時，她卻抉擇了最重要的原則，並且遵循了造化的精神（應說是種族的精神）。」

如此說來，為了性愛的婚姻與為了功利的婚姻是不可兼顧的，為了一端就一定得犧牲另一端嗎？叔本華的回答是肯定的。魚和熊掌不可得兼，這是與實際情況相吻合的。絕大多數人的婚姻都是「湊合」，叔本華認為這是因為他們肉體、道德和智慧方面的狀態「很可憐」，不可能憑單純的愛好和選擇而結合，只是考慮外在的因素。功利的婚姻可能在講究實惠之外考慮到某種程度的愛好，叔本華稱這是「向種族守神的妥協」。

叔本華由這些分析得出的結論是：婚姻在本質上是不幸的，「這是因為結婚的本質，不在現時人們的幸福，而是為未出世的子女著想。」人間雖然也有「白頭偕老」的情形，但這與婚姻的本質無關，是由與婚姻完全不同的根源所產生的感情。從這個結論來看叔本華何以終生未婚，其中緣由已不必我們多說了——盡善盡美的境地既然難以達到，那麼為此去勞神費力就大可不必。

從婚姻的外部條件看，對它的最大制約來自社會的法律制度，除了少數人之外，絕大多數人的婚姻都要受到法律的約束。在這方面，人們把以男女平等為基礎的一夫一妻制看作是人類文明和進步的標誌；而叔本華則立場鮮明地反對一夫一妻制，贊成一夫多妻制，因為他認為男女在根本上就不能平等，男女平等是違反自然法則的。他以不容分辯的口氣說：「歐洲人一夫一妻的制度，無異減少一半男人的權利，而增加他們一倍的義務。嚴格地說，若法律給予女人和男人相等的權利，便也應該賦予她們和男人相同的理性。法律違反大自然的原則，對女人愈是尊敬，賦予的權利愈多，相對的，能享受到這些特權的婦女人數就愈為減少，剝奪了多數婦女的自然權利……一夫一妻的制度和與之而來的結婚法是以男女平等為基礎，而給婦女帶來反自然的地位和方便，男人結婚後勢必要做很大的犧牲，因此，一些聰明而深思熟慮的男人，面對結婚，往往感到猶疑躊躇，止步不前。」（《論女人》，以下引文均出自本文）

可以想見，叔本華的這番言論，在現在不僅會遭到女權主義者的強烈反對和抨擊，也會受到大多數人的反對。他的觀點的要害就在於：男人和女人根本就無法平等；男人代表著理智和力量，因而顯得高貴，女人代表著愚蠢和虛偽，因而純屬低賤。這一看法在叔本華的心目中是根深蒂固的；可以設想，如果把叔本華交由女權主義者來審判，肯定會被加上「罪該萬死，死有餘辜」的頂級罪名而被處以極刑，因為他還從反對男女平等的立場出發，對若干與性愛、婚姻有關的問題作出了驚世駭俗之論。

比如，他居然認為賣淫的妓女是一夫一妻制度最不幸的犧牲者！賣淫生涯雖然很不光彩，很不體面，但是賣淫者「是滿足男性不可或缺的一層階級，同時她們對於那些已經擁有丈夫和期待嫁人的幸運女人，也有一種特殊的保護作用——避免受到男人的誘惑或摧殘。」賣淫妓女全是「一夫一妻主義祭壇的供品」。

比如，他公開提倡一夫多妻制，認為這是為全體女性著想！當妻子患病不能懷孕，為了完成生命意志賦予的生殖繁衍的使命，「我們有什麼理由不同意丈夫娶妾？」「把不自然的權利賦予女人，因而也讓她們揹上不自然的義務，違背此義務會給婦女帶來不幸的。」男人為養活妻子兒女要付出很多，加上女人結婚的適齡期非常短暫，「可見所有的男人都需要多數的女人，所以照顧多數的女性是男人的自由，甚至可說是男人的義務，這是再正當不過的事情。如此這般，應該把女人拉回到她們自然而正當的立腳地，回復從屬的地位」。他還強烈抨擊一夫一妻制是「歐洲文明和基督教、日爾曼的愚劣產物」。

比如，他主張應該在法律上限制女性的財產繼承權。他的理由是：「丈夫長期辛勤勞苦所獲得的財產，一落入女人之手，由於她們的無知，在極短的時間中，便浪費殆盡，這雖是極不體面的事，但卻屢見不鮮。這一點，應該從限制婦女的財產繼承權著手，來預為防範。」由此，叔本華認為，無論是寡婦還是姑娘，都不能賦予她們土地和資本的繼承權；只有在完全沒有男性繼承者的情況下，才能讓女人繼承相當於所有資產的利息。這才是最好的制度。女人絕對沒有佔有財產和管理財產的資格，如果她們獲得了財產，也不能讓她們自由處置，要由財產監護人來處理。並且，女人在任何情況下都沒有理由和資格當子女的財產監護人，因為她們天生理性薄弱，天生就很浪費。他甚至還稱讚印度寡婦殉夫自焚的古老習俗：「寡婦殉夫自焚，這風俗當然未免太殘酷不人道，但丈夫為了子女，以職業自慰，一生中千辛萬苦所掙得的產業，死後卻被其寡婦和其情夫，共同蕩盡，這豈非也太殘忍？」

比如，他還認為母愛是不能持久的，因為母愛純粹是一種本能，當子女長大成人之後，母愛就消失了，尤其是在母親不愛她的丈夫時，母愛就不再出現。另一方面，「父子之間的愛情，則大異其趣，具有持續耐久的性質，這是因為子女是父親自我的再認。」

叔本華在這些方面的觀點很難讓我們認同，關鍵在於他所由出發的前提根本就與我們不同。男女平等如今已是為世上絕大多數人所認同了的一種觀點，它確實體現了人類的文明進步所帶來的觀念上的轉變，是現代社會人倫關係的一個極為重要的方面。男女之間固然有不少差異，正因為有這種差異，才有了這世上種種悲歡離合的人間戲劇，以及人類情感生活和婚姻生活的豐富多彩。但是，性別差異並不意味著異性間權利的不平等，兩性的相互分工和相互補充，也不表示有高低貴賤之分；人人生而平等，享有平等的權利，已遠不止是兩性關係和婚姻關係的基礎，更是現代國家和民族立足的根本。雖然叔本華舉出了歐洲男子（中國過去的男子也同樣如此）納妾、印度寡婦殉夫自焚、法國宮廷貴婦人的腐敗、倫敦婦女賣淫等事例，然而這並不足以證明男人天生就優越於女人並享有遠遠大於女人的各種權利。叔本華對一夫一妻制的攻擊，應該說是保守的和落後的。

第七章：叔本華之後

一八五八年二月二十二日，亞瑟·叔本華七十歲壽辰。人們從各地到法蘭克福去看望他，賀信、賀電從各大陸飛向法蘭克福他的家中。他在垂暮之年終於見到人們不斷向他朝拜，他的名字不斷出現在各地的報刊雜誌上，他的信徒們不斷為他畫像塑像，然後像神靈一般供奉起來，朝拜者中竟然還有兩位女人！柏林皇家科學院授予他院士稱號，被他斷然拒絕。

僅僅兩年之後，他就告別了人世。

我們已經知道了，他看重由立言而帶來的不朽的名聲，而不看重建功立業。他相信越是能長久流傳的名聲，發跡越遲；認為真正的名聲要死後才能得到，即使不能親自領受，也是幸福的。

照此來看，叔本華應該算是幸福加幸福了，因為他畢竟在生前見到了自己由默默無聞、被人忽視到聲名大振的歷程。在他身後，名聲達到頂點——直到本世紀初尼采的名聲蓋過了他為止。

人們再也不可能像他生前那樣「忽略」他，即使最反對他的人也不得不提到他的名字。從十九世紀下半葉以來，他的名字總是與歌德、瓦格納、拜倫、克爾凱郭爾、尼采、杜思妥也夫斯基、卡夫卡、湯瑪斯・曼等人聯繫在一起的。他的意志哲學，在生命哲學、精神分析學和存在主義哲學中得到了反響。他那一反傳統哲學枯燥晦澀的清新文風，被尼采、柏格森和存在主義者們仿效。人們稱他是近現代西方哲學中「第一個意志哲學家」，「第二個悲觀哲學家」。

直接繼承叔本華意志哲學的哲學家是弗里德里希・尼采（一八四四～一九〇〇）。尼采哲學的起點，就是叔本華的生命意志說，並且，他在哲學核心問題的看法上和文風上深受叔本華的影響。尼采看出了叔本華對理性主義的反叛是不徹底的，接著將這一勢頭完全徹底地推行到哲學的一切方面，最終喊出「上帝死了」這一響徹二十世紀的口號。他沿著叔本華開創的生命哲學的道路前行，使這一潮流成為上世紀末到本世紀初西方哲學的主潮，並影響至今。

尼采將叔本華提出的生命意志說加以改造、引申和擴展，認為生命意志的無限延伸和盡頭就是「權力」，從而建立了意志哲學中的「權力意志」說，成為第二個意志哲學家。權力意志意味著對生命自我的超越和支配力，肯定了生命力要具有「酒神精神」的剛強力量；生命的本質就在於力量，追求並體驗力量，人生的意義全在於最大限度地發揚生命力。

尼采還根據叔本華的意志客體化的級別之分和天才論，建立了他自己的「超人哲學」。

「超人」是一種理想，一種人生目標，一種意義，因為生命的本質還在於不斷超越自我，超越人本身。人生的痛苦隨著意識的明瞭程度而增加，有教養的人比無教養的人更加痛苦，因此天才比所有的人都更痛苦。這樣，為了擺脫痛苦，就必須以小的痛苦來減輕大的痛苦，天才在肯定自己的同時，有權犧牲他人。超人作為人的「一切形象的形象」，包含了人的形象的一切方面，充滿酒神精神，享受生命的歡樂，具有健全的生命本能和旺盛的權力意志，有獨特的個性和真實性，超越一切傳統道德規範，不為現代文明所累等等。

無獨有偶，同叔本華一樣，尼采在一生的大部分時間中都受到冷遇，被人「忽略」，直到一八八八年春天他瀕臨精神崩潰的邊緣時，人們才通過丹麥文學史家勃蘭兌斯和法國藝術史家丹納發現了他。爾後，當歡呼聲和讚美聲湧來之時，他卻因精神病發作再也無法領受了。

在叔本華和尼采之後，擁戴和宣導生命哲學的人們紛至遝來，諸如法國哲學家柏格森，德國哲學家狄爾泰、席美爾、克拉蓋斯等。他們觀點的共同特徵是把宇宙、世界的過程看作是川流不息、延綿不斷的生命，這種延綿不斷的生命才是人類精神生活的真正源泉和基礎。他們並非在生物學的意義上使用「生命」這一概念，而是力圖用這一概念來詩意地解釋世界和人類的精神生活。他們的哲學關注的焦點不在外部的物質世界，而在人內在的精神世界，不僅把生命理解為一個過程，並且還深入地發掘人們精神世界中的內在活力、創造力、無意識、非理性、直覺等等。

奧地利精神病學家西格蒙德·佛洛伊德（一八五六～一九三九）被尊為精神分析學的創始人，他通過對人的潛意識領域的深入研究，開創了人類心理學研究的全新領域，揭示了潛意識的形成機制和作用機制。他的某些理論，實際上可以追溯到叔本華那裡。叔本華在分析性愛時特意從「本能」的角度進行了闡釋，強調生命意志為了通過個體達到保存和延續種族的目的，要借助本能向個體灌輸幻想和妄想，把本來是種族的事，變成好像是個體自身的事，個體在本能的驅使下去獲得性滿足，實現生命意志繁衍種族的目的。這套說法，可以看作佛洛伊德有關「夢」和潛意識的理論的雛型。

佛洛伊德將人的心理結構分成本我、自我、超我三層。本我即代表性衝動的本能，處在心理結構的深層，為意識無法達到的最廣大的領域。自我是本我受到外部環境影響的那一小部分，超我則是超出自我的社會道德倫理、法律等等約束因素。人類文化、文明對人的本能形成壓抑，因此人的心理、行為便是在文明與本能的衝突中進行的，精神官能症就是這一衝突的結果。人們要保持精神的健康，就要解除社會的壓抑，認清無意識中本能的真實意義，加以合理引導。佛洛伊德的這一看法，也可以在叔本華的思想中找到來源。叔本華認為，我們的知識越增長，就越能克制與我們的利益或社會準則相衝突的慾望。他們的共同之點，就在於看到了人的行為不僅受本能的影響，也要受到社會因素的制約。

存在主義者也從叔本華的思想中找到了他們的思想資源。他們關注人（主要是個體的人）在現實中存在的意義和價值，尤其是個體對存在狀態的內心體驗。這種體驗的主調不外乎是生存中的痛苦、煩惱、絕望、畏懼、異化等等，這正是叔本華的意志哲學對生命存在的基本理解的一種變奏曲：人生的過程就是由不斷的慾求和慾求的滿足所構成的周而復始的過程；有慾求就會產生痛苦，慾求的滿足則意味著空虛和煩惱。這樣，人生的全部內容，人生的實質就是痛苦和煩惱；要獲得解脫，唯有走上禁慾之路，禁慾的最高形式是對生命意志的徹底否定——絕食自殺，即主動放棄一切的慾求，包括生命存在的本身。這種濃重的悲觀氣息，幾乎在所有的存在主義哲學家那裡都可以見到。

世人公推丹麥哲學家、神學家索倫・克爾凱郭爾（一八一三～一八五五）為存在主義的創始人。他與叔本華正好生活在同一時代，他四十二歲去世時，叔本華六十七歲，已近垂暮之年。我們發現，他們都對黑格爾的理性主義哲學體系不滿，具有強烈的反理性主義傾向；他們都把哲學關注的焦點從外部轉向人和人的存在；他們都對人生抱著悲觀主義的態度，都反對執著於世俗的生活，反對道德倫理。只不過，克爾凱郭爾關注的是人的個體，主張靠非理性的宗教信仰來獲得存在的最高層次的意義；叔本華關注的是人的「種族」，主張通過禁慾來否定生命意志。

此後的存在主義者，大多推崇叔本華的唯意志論和反理性主義立場。美國存在主義者蒂利希，稱叔本華的《作為意志和表象的世界》一書「給存在主義哲學以巨大影響」。例如，德國存在主義哲學家馬丁•海德格爾（一八八九～一九七六）認為，存在的基本狀態是情緒體驗，個人只有處於畏懼、焦慮和死亡的狀態時，才能真正體會到自己的存在。這就是說，畏懼、焦慮、死亡是通往個人存在的道路。海德格爾身上秉承了叔本華、尼采的悲觀氣質，這表現在他對死亡問題的強烈關注。他把死亡問題當作對人的存在結構進行分析的基本前提，認為人只有面臨死亡時，才能最深刻地體會到自己的存在，因為死亡就是非存在、虛無，面對死亡，一個人才能真正把自己與其他一切區別開來，突然面對著自己，懂得自己的存在與其他的存在根本不同，懂得生與死的根本不同，懂得生（個體存在）的意義。因此，死亡是人的存在最高的可能性；為了領悟自己的存在，最好的辦法就是果斷地、心甘情願地去選擇死亡。從海德格爾的死亡觀中，我們彷彿看見了叔本華所推崇的人生解脫的最高境界——涅槃。另一個德國存在主義哲學家卡爾•雅斯貝爾斯（一八八三～一九六九）認為，真正的哲學應當鼓勵人們面向死亡，「從事哲學即是學習死亡」。從這裡也不難看出叔本華的影響。

叔本華的影響甚至還超出了西方國家的範圍，遠及處在遙遠亞洲的中國（有意思的是，有人說叔本華哲學源於東方，而在他身後影響又復歸東方）。清末民初的大學者王國維（一八七七～一九二七）是中國近代將康德、叔本華哲學介紹到中國來的第一人。他以叔本華哲學為指導思想，將其貫徹到《〈紅樓夢〉評論》、《宋元戲曲考》及其它理論文章中去，正如陳寅恪在《海寧王靜安先生遺書》序中所說：「取外來之觀念與固有之材料，互相參證，凡屬於文藝批評及小說戲曲之作，如《〈紅樓夢〉評論》及《宋元戲曲考》等是也。」陳寅恪認為，這是王國維一生學術貢獻的三方面之一。

王國維以五十盛年自沉於北京昆明湖而死，其死因至今尚無定論。陳寅恪認為這是由於「古今中外志士仁人往往憔悴憂傷；繼之以死其所傷之事。所死之故，不止偶於一時間、一地域而已，蓋別有超越時間、地域之理性在焉。」（同上）梁啟超認為王國維之死是由於「一朝嫉俗」，還有人認為他是「為封建王朝殉葬而死的」，證據是王國維死前在給三兒子貞明的遺書中說：「五十之年，只欠一死，經此世變（按：指一九二七年國民革命軍將攻打北平北洋軍閥大本營一事），義無再辱。」（見陳叔暉《王國維與叔本華哲學》）

無論怎麼說，王國維深受叔本華唯意志論和悲觀主義思想的影響，這似乎是公認的，這種影響同他的投湖沉淵不至於毫無干係，因為以死來求得對人生痛苦的解脫和對生命意志的否定、達到涅槃這一最高境界，是叔本華所推崇的人生歸宿。

王國維在《三十自序》中說：「次年（按：即一九〇三年），始讀汗德（按：即康德）之《純理批評》，至《先天分析論》，幾全不可解，更掇不讀，而讀叔本華之《意志及表象之世界》一書。叔氏之書，思精而筆銳。是歲，前後讀二過，次及於其《充足理由之原則論》、《自然中之意志論》及其文集等，尤以其《意志及表象之世界》中《汗德哲學之批評》一篇，為通汗德哲學關鍵。」他把叔本華的理論用於評論《紅樓夢》，認為《紅樓夢》是描寫生活、慾、痛苦三者錯綜複雜關係的「一絕大著作」，其價值在於「以生活為爐，苦痛為炭，而鑄其解脫之鼎」。他還進一步提出，一切文學、美術的任務在於描寫人生的痛苦與解脫之道；《紅樓夢》中求解脫的精神，既具有美學上的價值，又具有倫理學上的價值。

這一切，倘若叔本華九泉之下有知，當是倍感欣慰了。一個以探索人生奧秘為己任的思想家，能以自己的著作和思想而延伸自己的生命，便可以稱之為不朽了——儘管其思想中有必須揚棄的糟粕，但其地位和影響卻是不可忽視的。

讀歷史29　PC0340

叔本華
——洞悉人生痛苦的智者

作　　者／閻　嘉
主　　編／蔡登山
責任編輯／廖妘甄
圖文排版／詹凱倫
封面設計／秦禎翊

發 行 人／宋政坤
法律顧問／毛國樑　律師
出版發行／秀威資訊科技股份有限公司
114台北市內湖區瑞光路76巷65號1樓
電話：+886-2-2796-3638　傳真：+886-2-2796-1377
http://www.showwe.com.tw
劃撥帳號／19563868　戶名：秀威資訊科技股份有限公司
讀者服務信箱：service@showwe.com.tw
展售門市／國家書店（松江門市）
104台北市中山區松江路209號1樓
電話：+886-2-2518-0207　傳真：+886-2-2518-0778
網路訂購／秀威網路書店：http://www.bodbooks.com.tw
國家網路書店：http://www.govbooks.com.tw

2013年8月　BOD一版
定價：300元

國家圖書館出版品預行編目

叔本華：洞悉人生痛苦的智者 / 閻嘉著. -- 一版. -- 臺北
市：秀威資訊科技, 2013. 08
面； 公分. -- (讀歷史 ; PC0340)
BOD版
ISBN 978-986-326-157-5 (平裝)

1. 叔本華 (Schopenhauer, Arthur, 1788-1860) 2. 學術思想
3. 人生哲學

147.53 102014552

讀者回函卡

感謝您購買本書，為提升服務品質，請填妥以下資料，將讀者回函卡直接寄回或傳真本公司，收到您的寶貴意見後，我們會收藏記錄及檢討，謝謝！

如您需要了解本公司最新出版書目、購書優惠或企劃活動，歡迎您上網查詢或下載相關資料：http:// www.showwe.com.tw

您購買的書名：＿＿＿＿＿＿＿＿＿＿＿＿＿＿＿＿＿＿＿＿＿

出生日期：＿＿＿＿年＿＿＿＿月＿＿＿＿日

學歷：□高中（含）以下　□大專　□研究所（含）以上

職業：□製造業　□金融業　□資訊業　□軍警　□傳播業　□自由業

□服務業　□公務員　□教職　□學生　□家管　□其它＿＿＿

購書地點：□網路書店　□實體書店　□書展　□郵購　□贈閱　□其他

您從何得知本書的消息？

□網路書店　□實體書店　□網路搜尋　□電子報　□書訊　□雜誌

□傳播媒體　□親友推薦　□網站推薦　□部落格　□其他＿＿＿＿＿

您對本書的評價：（請填代號　1.非常滿意　2.滿意　3.尚可　4.再改進）

封面設計＿＿　版面編排＿＿　內容＿＿　文／譯筆＿＿　價格＿＿

讀完書後您覺得：

□很有收穫　□有收穫　□收穫不多　□沒收穫

對我們的建議：＿＿＿＿＿＿＿＿＿＿＿＿＿＿＿＿＿＿＿＿＿

＿＿＿＿＿＿＿＿＿＿＿＿＿＿＿＿＿＿＿＿＿＿＿＿＿＿＿＿

＿＿＿＿＿＿＿＿＿＿＿＿＿＿＿＿＿＿＿＿＿＿＿＿＿＿＿＿

＿＿＿＿＿＿＿＿＿＿＿＿＿＿＿＿＿＿＿＿＿＿＿＿＿＿＿＿

請貼
郵票

11466
台北市內湖區瑞光路 76 巷 65 號 1 樓
秀威資訊科技股份有限公司 收
BOD 數位出版事業部

（請沿線對折寄回，謝謝！）

姓　　名：＿＿＿＿＿＿＿＿　年齡：＿＿＿＿　性別：□女　□男

郵遞區號：□□□□□

地　　址：＿＿＿＿＿＿＿＿＿＿＿＿＿＿＿＿＿＿＿＿

聯絡電話：(日)＿＿＿＿＿＿＿＿＿＿(夜)＿＿＿＿＿＿＿＿＿＿

E-mail：＿＿＿＿＿＿＿＿＿＿＿＿＿＿＿＿＿＿＿＿